THÉORIE MUSICALE

TOULOUSE, IMPRIMERIE A. CHAUVIN ET FILS, RUE DES SALENQUES, 28.

THÉORIE MUSICALE

DÉDIÉE A SES ÉLÈVES

PAR

M^{te} GIESSLER-LAGET

PROFESSEUR DE CHANT

PRIX : 1 fr. 50

BORDEAUX
Vve RAVAYRE-RAVER, ÉDITEUR DE MUSIQUE
13, ALLÉES DE TOURNY, 13

PRÉFACE

Après avoir lu la plupart des Théories musicales qui ont paru jusqu'à ce jour, la première réflexion qui s'est présentée à notre esprit a été celle-ci :

C'est trop difficile!

C'est trop compliqué !

En effet, presque toutes les Théories musicales publiées par les spécialistes semblent avoir été écrites pour des praticiens, des gens qui savent, et non pour des élèves désireux de s'instruire. De là le grand nombre de Théories particulières qui existent en dehors des ouvrages classiques.

Entre les Théories anodines, à l'usage des musiciens amateurs, et les Théories trop compliquées que nous avons compulsées, notre choix ne pouvait être douteux : nous avons donné la préférence à ces dernières, et nous dirons même que, dans deux ou trois passages de cet ouvrage, loin de chercher à éluder les difficultés, nous les avons en quelque sorte amplifiées.

Ainsi, dans le chapitre XXVII, nous nous sommes appesantie sur les Tonalités, parce que nous estimons qu'elles sont la clé de voûte de la musique. Nous en dirons autant pour le chapitre XXIX, où il est question des Intervalles, qu'il est indispensable de connaître à fond, si l'on veut se livrer plus tard à l'étude de l'harmonie.

Certes, en publiant cette Théorie musicale, nous n'avons pas eu la prétention d'innover : tout a été dit sur les principes fondamentaux de l'art musical, dont la forme varie à l'infini, mais dont le fond reste toujours le même. Nous avons voulu, seulement, faire un travail suffisamment substantiel à l'usage de nos élèves particuliers, en ayant le soin de combler quelques lacunes, et d'élaguer les superfétations et les détails parasites que nous avons remarqués dans certains ouvrages qui traitent des mêmes matières.

Telle qu'elle est, — le lecteur peut s'en convaincre, — notre Théorie musicale est néanmoins complète. Rien n'a été laissé dans l'ombre, et aucune des choses qu'il est essentiel de savoir n'a été oubliée.

Nous appuyant sur les travaux de nos devanciers, encouragée par la bienveillante collaboration des professeurs du conservatoire de musique de Toulouse, auxquels nous exprimons ici notre vive reconnaissance, et qui, sur la demande de notre père, professeur de solfège dans le même établissement, ont bien voulu nous donner un certain nombre de questions ; éclairée par les conseils de ce dernier, dont nous nous honorons d'avoir été l'élève, soutenue d'ailleurs par notre propre expérience, nous croyons avoir mené à bonne fin la tâche que nous nous étions imposée. C'est pourquoi nous publions aujourd'hui cet ouvrage, persuadée qu'il facilitera l'étude des principes de la musique, et nous ne croyons pouvoir mieux faire que de le dédier à nos chers élèves, lesquels nous ont donné en toutes circonstances des preuves non équivoques d'estime et de sympathie.

M^{lc} GIESSLER-LAGET.

THÉORIE MUSICALE

—-oo◊oo—-

PREMIÈRE PARTIE

1

De la musique.

1. — *Qu'est-ce que la* Musique ?
C'est l'art des sons combinés de manière à les rendre agréables à l'oreille.
2. — *En combien de parties se divise la musique ?*
En deux parties, savoir : la Mélodie et l'Harmonie.
3. — *Qu'est-ce que la* Mélodie ?
Des sons entendus successivement constituent la *Mélodie.*
4. — *Qu'est-ce que l'*Harmonie ?
Plusieurs sons entendus à la fois constituent l'*Harmonie.*

II

De la portée.

5. — *Sur quoi place-t-on les divers signes employés en musique ?*
Sur la portée.

6. — *Qu'est-ce que la* Portée ?
C'est la réunion de cinq lignes horizontales, et de quatre espaces ou interlignes qui les séparent.

7. — *Comment compte-t-on ces lignes et ces espaces ?*
De bas en haut.

8. — *Peut-on écrire sur la portée tous les signes musicaux ?*
Non, et pour suppléer à son insuffisance, l'on a recours à de petites lignes additionnelles ou supplémentaires, qui se placent au-dessus et au-dessous de la portée; celles de dessus se comptent en montant; celles de dessous en descendant.

9. — *A quels signes a-t-on recours pour éviter la confusion dans l'emploi d'un grand nombre de lignes additionnelles ou supplémentaires ?*
A la clé d'octave ‖ 8 ‖, ou à un simple 8 placé au-dessus ou au-dessous de la portée. A partir de ce signe, suivi d'une ligne horizontale, toutes les notes doivent s'exécuter une octave plus haut ou une octave plus bas, jusqu'à ce qu'on rencontre le mot *loco* (1).

---

(1) *Loco,* « lieu, » c'est-à-dire l'endroit où l'on doit cesser de jouer à l'octave.

III

Des clés.

10. — *Quels sont les signes principaux employés en musique ?*

Les clés, les notes, les silences, les accidents ou signes altératifs.

11. — *Qu'est-ce qu'une Clé ?*

C'est un signe que l'on met au commencement de la portée : la clé donne son nom à toutes les notes placées sur la même ligne qu'elle.

12. — *Combien y a-t-il de sortes de clés ?*

Il y en a de trois sortes, savoir :

La clé de *sol*, qui se place sur la première et sur la seconde ligne.

La clé d'*ut*, qui se place sur les quatre premières lignes.

Et la clé de *fa*, qui se place sur la troisième et sur la quatrième ligne.

Aucune clé ne se place sur la cinquième ligne.

IV

Des notes.

13. — *Combien y a-t-il de Notes et comment les nomme-t-on ?*

Les *notes* sont au nombre de sept et se nomment : *do, ré, mi, fa, sol, la, si*.

14. — *La clé de sol seconde ligne étant donnée, nommez les notes qui se placent sur les cinq lignes de la portée.*

Mi, sol, si, ré, fa.

15. — *Nommez les notes qui se placent dans les quatre interlignes.*

Fa, la, do, mi.

16. — *Combien y a-t-il de* FIGURES DE NOTES *?*

Sept, savoir : la *ronde*, la *blanche*, la *noire*, la *croche*, la *double croche*, la *triple croche* et la *quadruple croche*. (Voyez l'exemple n° 1.)

17. — *Faites-nous connaître la valeur comparative des figures de notes entre elles.*

La ronde vaut 2 blanches, ou 4 noires, ou 8 croches, ou 16 doubles croches, ou 32 triples croches, ou 64 quadruples croches.

La blanche vaut 2 deux noires, ou 4 croches, ou 8 doubles croches, ou 16 triples croches, ou 32 quadruples croches.

La noire vaut 2 croches, ou 4 doubles croches, ou 8 triples croches, ou 16 quadruples croches.

La croche vaut 2 doubles croches, ou 4 triples croches, ou 8 quadruples croches.

La double croche vaut 2 triples croches, ou 4 quadruples croches.

La triple croche vaut 2 quadruples croches.

18. — *N'y a-t-il pas de valeurs plus importantes que la ronde ?*

Oui, il y a la maxime, qui vaut 4 rondes, et la brève, qui en vaut 2; mais ces figures de notes, employées autrefois dans la musique d'église, ne sont plus en usage aujourd'hui.

V

Des silences.

19. — *Combien y a-t-il de* figures de silences ?

Sept, savoir : la *pause,* la *demi-pause,* le *soupir,* le *demi-soupir,* le *quart de soupir,* le *demi-quart de soupir* et le *seizième de soupir.* (Voyez l'exemple n° 2.)

20. — *Faites-nous connaître le rapport qui existe entre les figures de notes et les figures de silences.*

La ronde correspond à la pause.
La blanche correspond à la demi-pause.
La noire correspond au soupir.
La croche correspond au demi-soupir.
La double croche correspond au quart de soupir.
La triple croche correspond au demi-quart de soupir.
La quadruple croche correspond au seizième de soupir.

21. — *Où se place la pause ?*
Sous la quatrième ligne de la portée.

22. — *Où se place la demi-pause ?*
Sur la troisième ligne de la portée.

23. — *De quel côté est tourné le crochet du soupir ?*
A droite.

24. — *De quel côté est tourné le crochet du demi-soupir ?*
A gauche.

25. — *La pause qui correspond à la ronde a-t-elle toujours une valeur absolue ?*

Non, elle représente toujours une mesure ; mais elle vaut tantôt plus, tantôt moins que la figure de note à laquelle elle correspond. Ainsi, dans la mesure à Deux-quatre, elle vaut une blanche ; dans la mesure à Trois-quatre, elle vaut une blanche pointée ; dans la mesure à Quatre-temps, elle vaut une ronde, etc., etc. (1).

VI

Des accidents.

26. — *Qu'entendez-vous par les mots* ACCIDENTS *ou* SIGNES ALTÉRATIFS ?

Les *accidents* sont de tout petits signes qui, placés devant les notes, en modifient l'intonation.

27. — *Faites-nous connaître le nom de ces accidents, ainsi que le degré de leur action sur les notes qu'ils affectent ?*

Ces accidents sont : le *dièze*, qui hausse la note d'un demi-ton ; le *bémol*, qui la baisse d'un demi-ton ; et le *bécarre*, qui la remet dans son ton primitif.

28. — *N'y a-t-il pas d'autres accidents ou signes altératifs que le dièze, le bémol et le bécarre ?*

Oui, il y a aussi le *double dièze*, qui hausse la note d'un ton, et le *double bémol*, qui la baisse d'un ton. (Voyez l'exemple n° 3.)

29. — *Qu'entendez-vous par* ACCIDENTS ASCENDANTS *et* ACCIDENTS DESCENDANTS ?

On appelle *accidents ascendants*, les dièzes, parce qu'ils tendent à monter. On appelle *accidents descendants*, les bémols, parce qu'ils tendent à descendre. Le bécarre est

---

(1) Lorsque l'élève sera plus avancé, le professeur devra lui demander ce que vaut la pause, sinon dans toutes sortes de mesures, du moins dans les mesures les plus usitées.

tantôt l'un, tantôt l'autre : il est *ascendant* devant une note bémolisée, et *descendant*, devant une note diézée.

VII

De l'armure de la clé.

30. — *Qu'est-ce que l'*ARMURE *ou l'*ARMATURE DE LA CLÉ ?
On appelle ainsi les dièzes et les bémols placés à la clé, et dont la présence détermine la tonalité.

31. — *Quelle est la progression des dièzes et des bémols placés à la clé ?*
Les dièzes se succèdent de quinte en quinte en montant, ou de quarte en quarte en descendant.
Les bémols, à l'inverse des dièzes, se succèdent de quarte en quarte en montant, ou de quinte en quinte en descendant.

32. — *Faites-nous connaître le nombre des dièzes et des bémols, et le rang qu'ils occupent dans l'ordre de leur succession ascendante.*
Les dièzes sont au nombre de sept, et affectent les notes : *fa, do, sol, ré, la, mi, si*.
Les bémols sont au nombre de sept, et affectent les notes : *si, mi, la, ré, sol, do, fa*.

33. — *Quelle est la différence essentielle qui existe entre les* ACCIDENTS PASSAGERS *et les dièzes ou les bémols placés à la clé ?*
Les *accidents passagers* se rencontrent dans le courant d'un morceau ; ils se placent devant les notes, et leur action ne se fait sentir que dans la mesure où ils se trouvent employés, tandis que les dièzes et les bémols formant l'armature de la clé ont, au contraire, une influence con-

stante dans toute la durée du morceau : ils prennent alors le nom d'*accidents constituants*.

VIII

Du point et du double point, du point d'enjambement, du point d'orgue, du point d'arrêt, de la liaison.

34. — *A quoi sert le* POINT ?

Le *point* placé après une note l'augmente de la moitié de sa valeur : ainsi, après une ronde, il vaut une blanche ; après une blanche, une noire ; après une noire, une croche, etc. Lorsque plusieurs points sont placés à la suite les uns des autres, le second vaut toujours la moitié du précédent. Placé à la suite des silences, le point a la même action qu'après les notes.

35. — *Qu'est-ce que l'*ENJAMBEMENT DU POINT ?

C'est le point placé au commencement d'une mesure ; son effet est le même que celui de la syncope irrégulière.

36. — *Quelle est l'action du point placé sur une note ?*

Le point placé sur une note la diminue de la moitié de sa valeur, et si le point est allongé, il la diminue des trois quarts ; mais ce n'est là qu'une nuance d'exécution, car, dans la mesure, les notes affectées conservent leur valeur réelle.

37. — *Qu'est-ce que le* POINT D'ORGUE ?

C'est un point surmonté d'un demi-cercle, qui se place sur une note, et ce signe indique qu'il faut rester sur cette note le double de sa valeur, ou même davantage, car le *point d'orgue* a une durée arbitraire, et on le fait suivre quelquefois d'un trait à volonté.

38. — *Qu'est-ce que le* POINT D'ARRÊT ?

Le *point d'arrêt*, absolument semblable au point d'orgue quant à la forme, se place sur les silences, dont la durée doit être prolongée autant que l'exige le bon goût.

39. — *Qu'est-ce que la* LIAISON ?

La *liaison* est une ligne courbe qui relie parfois deux ou plusieurs notes de même nom : dans ce cas, il ne faut nommer que la première note, en lui donnant, outre sa valeur, la valeur que les autres représentent. Placée sur des notes de nom différent, au-dessus d'un trait ou d'une phrase musicale, la liaison indique alors qu'il faut exécuter d'une seule respiration ou d'un seul coup d'archet le passage qu'elle enclave.

40. — *Quelle remarque peut-on faire au sujet du point et de la liaison ?*

C'est que l'un et l'autre sont des signes de durée. Ainsi, une blanche suivie d'un point, ou une blanche unie à une noire par une liaison, doivent s'exécuter de la même manière.

IX

De la reprise, du renvoi, du Da Capo, du trémolo.

41. — *Qu'est-ce que la* REPRISE ?

La *reprise* est une abréviation représentée par deux points et deux barres transversales placées en travers de la portée. Ce signe signifie qu'il faut revenir à l'endroit où l'on a rencontré un signe semblable, et, en conséquence, l'on doit exécuter une seconde fois tout ce qui est compris entre ces deux signes.

42. — *Qu'est-ce que le* RENVOI?

Le *renvoi* est une abréviation représentée par un S traversé d'un trait, avec deux points dans les angles. Un premier renvoi ne produit son effet qu'autant qu'on en trouve un second, et alors celui-ci renvoie à celui-là.

43. — *Que signifient les mots* DA CAPO?

Lorsqu'on rencontre les mots *Da Capo*, ou seulement les lettres D. C. (initiales de Da Capo, *par la tête*), il faut recommencer le morceau jusqu'au mot FIN.

44. — *N'y a-t-il pas d'autres abréviations que la reprise, le renvoi et le Da Capo?*

Oui, il y en a encore plusieurs, qu'on emploie surtout dans la musique instrumentale. Ainsi :

Une barre avec deux points, placée en biais sur la portée, signifie qu'il faut répéter la mesure qui précède ;

Une barre placée horizontalement au-dessus ou au-dessous d'une ronde signifie qu'il faut exécuter 8 croches ;

Deux barres ou trois barres expriment indifféremment le *tremolo*. (Voyez l'exemple n° 4.)

45. — *Qu'est-ce qu'un* TRÉMOLO?

C'est un effet qui s'obtient sur les instruments à archet, en passant et repassant celui-ci sur les cordes avec rapidité et sans solution de continuité. Le même effet se rend sur le piano, en frappant au moins deux notes alternativement dans un mouvement précipité.

X

De l'accolade.

46. — *Qu'est ce que l'*ACCOLADE?

C'est une ligne perpendiculaire qui unit un grand nombre de portées, comme dans une partition, ou bien deux petites lignes courbes, embrassant quelques portées seulement, comme dans la musique de chant, de piano, d'orgue, etc. (Voyez l'exemple n° 5.)

XI

Du triolet, du sextolet, des valeurs irrégulières.

47. — *Qu'est-ce qu'un* TRIOLET ?

Ce sont trois notes d'égale valeur, surmontées d'un 3, qui doivent s'exécuter dans le même espace de temps que deux notes de même figure. Le *triolet* se fait avec la figure de note de la division binaire du temps.

48. — *Dans les mesures composées, peut-on employer le triolet ?*

Oui, mais dans ce cas le *triolet* remplit une fraction de temps seulement, et non point le temps tout entier, ce dernier étant lui-même divisé en trois parties. (Voyez l'exemple n° 6.)

49. — *Qu'est-ce qu'un* DOUBLE TRIOLET OU SEXTOLET ?

Ce sont six notes d'égale valeur, surmontées d'un 6, qui doivent s'exécuter dans le même espace de temps que quatre notes de même figure. Le *sextolet* se fait avec la figure de note de la division quaternaire du temps.

50. — *Dans la mesure à Deux-deux ou C barré, avec quelles figures de notes faites-vous le triolet ?*

Avec des noires.

51. — *Dans la mesure à 4 temps, avec quelles figures de notes faites-vous le sextolet ?*

Avec des doubles croches.

52. *N'y a-t-il pas des valeurs de* NOTES IRRÉGULIÈRES?

Oui, principalement dans la musique de piano ou de violon. On rencontre, en effet, des groupes de valeurs tantôt insuffisantes, tantôt exubérantes : il faut donc les passer plus ou moins vite ; mais ces groupes étant toujours surmontés d'un chiffre indicateur, on doit les exécuter sans jamais altérer la carrure de la mesure.

XII

Des notes d'agrément.

53. — *Qu'entendez-vous par* NOTES D'AGRÉMENT?

Ce sont de toutes petites notes, en quelque sorte parasites, qui se placent avant ou après les notes principales, et dont la suppression ne compromettrait aucunement l'exécution du morceau de musique, attendu qu'elles ne font partie ni de la mesure, ni de l'harmonie, mais qu'elles ajoutent seulement à la mélodie.

54. *N'y a-t-il pas plusieurs sortes de notes d'agrément?*

Oui, il y en a de plusieurs sortes ; les plus usitées sont l'*appoggiature*, le *gruppetto*, le *trille* et le *mordant*.

55. — *Qu'est-ce que l'*APPOGGIATURE ?

C'est une petite note qui emprunte la moitié de la valeur à la note principale qui la suit ; si celle-ci est pointée, la petite note lui emprunte alors les deux tiers de la valeur ; mais si l'*appoggiature* est barrée, il faut, au contraire, l'articuler avec rapidité.

En solfiant, il est d'usage de ne point nommer la petite note : on fait entendre l'intonation qui lui est propre, avec l'appellation de la note qu'elle affecte.

56. — *Qu'est-ce que le* GRUPPETTO?

C'est un groupe de petites notes qui s'exécutent conjointement avec la grosse note, et dont le signe abréviatif s'exprime par un *s* renversé, placé horizontalement *sur* ou *après* une note principale quelconque. Lorsque le premier crochet de ce signe est tourné vers le bas, il faut commencer le *gruppetto* par la note inférieure; lorsque, au contraire, le premier crochet est tourné vers le haut, il faut commencer le *gruppetto* par la note supérieure. (Voyez l'exemple n° 7.)

57. — *Qu'est-ce que le* TRILLE?

Le *trille*, improprement appelé *cadence*, consiste dans le battement rapide et alternatif de deux notes conjointes, et il s'indique par les deux lettres *tr* placées au-dessus de la note qui doit être trillée; souvent on fait suivre ces lettres d'une ligne ondulée ⁓⁓⁓.

58. — *Qu'est-ce que le* MORDANT?

Le *mordant* consiste dans un battement rapide, soit à un ton, soit à un demi-ton, de la note principale avec sa note supérieure. Il s'exprime par le signe suivant ⁓, et se place au-dessus de la portée, sur les notes, auxquelles il emprunte un peu de leur durée pour en former sa propre valeur.

XIII

Des nuances.

59. — *Qu'est-ce que les* NUANCES?

C'est le plus ou moins de force ou de douceur que l'on donne à un ou plusieurs sons, et ces diverses inflexions s'indiquent par des mots italiens placés sous la portée, et dont on n'emploie ordinairement que l'abréviation, ou même les lettres initiales.

60. — *Faites-nous connaître la signification exacte de ces mots italiens et les signes abréviatifs dont on se sert pour les exprimer.*

Pianissimo.	Très peu de son.	PP.
Piano.	Peu de son.	P.
Dolce.	Doux.	Dol.
Crescendo.	En augmentant.	Cres.
Forte.	Fort.	F.
Fortissimo.	Très fort.	FF.
Calando.	En diminuant.	Cal.
Morendo.	En mourant.	Mor.
Perdendosi.	En laissant perdre le son.	Perd.
Smorzando.	En laissant éteindre le son	Smorz.
Etc., etc.		

XIV

Du mouvement.

61. — *Qu'est-ce que le* MOUVEMENT?

Le *mouvement* est le degré de lenteur ou de vitesse qu'on imprime à la mesure, et s'indique par des termes italiens que l'on place au commencement du morceau et au-dessus de la portée.

62. — *Faites-nous connaître les termes italiens et leurs significations ?*

Largo.	Large.
Larghetto.	Un peu moins lent que *largo*.
Moderato.	Modéré.
Lento.	Lent.

Adagio.	Moins lent que *lento*.
Maestoso.	Majestueux.
Cantabile.	Facile à chanter.
Andante.	Allant.
Andantino.	Un peu plus vite qu'*andante*.
Allegretto.	Un peu moins vif qu'*allegro*.
Allegro.	Gai, vif.
Vivace.	Vivement.
Presto.	Pressé.
Prestissimo.	Très pressé.

*
**

Tempo di Polacca.	Temps de Polonaise (un peu vif).
Siciliano.	Sicilien (un peu lent).
Tempo di minuetto.	Temps de menuet (andante).
Tempo giusto.	Temps juste (mouvement propre au caractère du morceau).
Mosso.	Animé.
Con moto.	Avec mouvement.
Poco.	Peu.
Assai.	Assez.
Più.	Plus.
Molto.	Beaucoup.
Etc., etc.	

63. — *N'y a-t-il pas d'autres expressions italiennes applicables aux choses de la musique?*

Oui, il y en a encore d'autres, telle que :

Segue (suivez), qui se place à la fin d'un morceau, et signifie qu'il faut enchaîner celui-ci avec le morceau suivant.

Volti subito (tournez vite), dont les initiales V. S. se placent à la fin d'une page de musique, et signifient qu'il faut tourner promptement le feuillet.

Tasto solo (une seule touche), ce qui veut dire qu'il faut exécuter textuellement ce qui est écrit *à la partie de basse*.

Con sordini. — Terme employé dans les parties d'orchestre, pour indiquer qu'il faut mettre la *sourdine*, petit instrument de bois que l'on place sur le chevalet du violon, de l'alto, etc.

Pizzicato (pincé), par abréviation *pizz*. — Terme employé dans les parties d'instruments à archets, et qui signifie que les notes marquées ainsi ne doivent pas se faire avec l'archet, mais qu'il faut les pincer avec les doigts; les mots *coll'arco* ou simplement *arco*, indiquent le lieu où il faut recommencer à jouer comme auparavant.

Staccato, arpège, etc.

XV

De la mesure, de la barre de mesure, de la double barre de mesure.

64. — *Qu'est-ce que la* mesure?

La *mesure* est la division d'un morceau de musique en parties égales.

65. — *Qu'entendez-vous par* barres de mesures?

On appelle *barres de mesures* de toutes petites lignes verticales placées de distance en distance sur la portée. L'ensemble des valeurs, notes et silences, renfermés entre deux de ces petites lignes forme *une mesure*. Chaque mesure, à son tour, se subdivise en deux, trois et quatre parties, qu'on appelle temps.

66. — *Qu'entendez-vous par* double barre de mesure?

La terminaison d'un morceau de musique s'indique toujours par une *double barre de mesure* surmontée ordinairement du mot FIN.

67. — *Comment s'indique la mesure ?*

Par un simple chiffre, ou par deux chiffres superposés, qu'on place au commencement d'un morceau, après la clé.

68. — *Quelle est la signification de deux chiffres superposés ?*

Le chiffre supérieur (numérateur), indique la quantité de notes contenues dans la mesure, et le chiffre inférieur (dénominateur), leur qualité comparée à la ronde. Ainsi, lorsque les signes suivants sont employés comme dénominateurs :

Le chiffre 1 représente la ronde ;
Le chiffre 2   —   la blanche ;
Le chiffre 4   —   la noire ;
Le chiffre 8   —   la croche ;
Le chiffre 16   —   la double croche (1).

69. — *Quelles sont les* MESURES PRINCIPALES *?*

Les *mesures principales*, à l'aide desquelles on forme toutes les autres, sont : la mesure à 4 temps, qui s'indique par un C, et dont la valeur unitaire est la ronde.

La mesure à 3 temps, qui s'indique par un 3 ou Trois-quatre, et dont la valeur unitaire est la blanche pointée.

La mesure à 2 temps, qui s'indique par les chiffres 2/4, et dont la valeur unitaire est la blanche (2).

---

(1) Nous ne connaissons qu'un exemple du chiffre 32 employé comme dénomination : on le trouve dans la 32ᵉ *sonate* de Beethoven, op. 111.

(2) Quelques auteurs font figurer la mesure à Deux-deux ou C barré au nombre des *mesures principales*, tandis qu'elle n'est, en réalité, que l'*augmentatif* de la mesure à Deux-quatre. D'autres théoriciens,

70. — *Qu'est-ce que* BATTRE LA MESURE ?

C'est indiquer chacun des temps dont elle se compose par un mouvement de la main.

71. — *Comment battez-vous les mesures principales ?*

La mesure à 2 temps se bat de la manière suivante :

Frappé et levé. — La mesure à 3 temps : frappé, à droite, et levé. — La mesure à 4 temps : frappé, à gauche, à droite, et levé.

72. — *Quelle différence faites-vous entre les* MESURES SIMPLES *et les* MESURES COMPOSÉES ?

Les *mesures simples* sont celles dont les temps sont binaires, c'est-à-dire dont la valeur unitaire du temps peut se diviser en deux parties égales.

Les *mesures composées* sont celles dont les temps sont ternaires, c'est-à-dire dont la valeur unitaire du temps peut se diviser en trois parties égales.

73. — *Peut-on transformer une mesure simple en mesure composée ?*

Oui, on fait alors une double opération : 1° on pointe la valeur unitaire de chaque temps ; 2° on triple le chiffre supérieur et on double le chiffre inférieur.

Chaque mesure simple correspond à une mesure composée, et *vice versâ*.

---

et des meilleurs, ont trouvé plus commode de parler des mesures, sans rien dire du point litigieux qui nous occupe. Nous n'imiterons pas ces derniers.

Si l'on veut bien procéder avec méthode, l'on se convaincra sans peine que, si la mesure à Deux-deux ou C barré était considérée comme *mesure principale*, elle détruirait l'ordonnance et la symétrie des mesures composées. Ainsi, au lieu de cette progression naturelle, Douze-huit, Neuf-huit et Six-huit, on aurait Douze-huit, Neuf-huit et Six-quatre, ce qui est illogique.

74. — *Donnez-nous le tableau général des* MESURES SIMPLES.

Les *mesures simples* sont au nombre de douze, savoir :

MESURES SIMPLES A 2 TEMPS.

Deux-un, dont l'unité de la mesure est la *brève*.
Deux-deux, ou 2, ou C barré, dont l'unité de la mesure est la *ronde*.
Deux-quatre, dont l'unité de la mesure est la *blanche*.
Deux-huit, dont l'unité de la mesure est la *noire*.

MESURES SIMPLES A 3 TEMPS.

Trois-un, dont l'unité de la mesure est la *brève pointée*.
Trois-deux, dont l'unité de la mesure est la *ronde pointée*.
Trois-quatre, dont l'unité de la mesure est la *blanche pointée*.
Trois-huit, dont l'unité de la mesure est la *noire pointée*.

MESURES SIMPLES A 4 TEMPS.

Quatre-un, dont l'unité de la mesure est la *maxime*.
Quatre-deux, dont l'unité de la mesure est la *brève*.
Quatre-quatre, ou 4, ou C, dont l'unité de la mesure est la *ronde*.
Quatre-huit, dont l'unité de la mesure est la *blanche*.

75. — *Donnez-nous le tableau général des* MESURES COMPOSÉES ?

Les *mesures composées* sont au nombre de douze, savoir :

MESURES COMPOSÉES A 2 TEMPS.

Six-deux, dont l'unité de la mesure est la *brève pointée*.

Six-quatre, dont l'unité de la mesure est la *ronde pointée*.

Six-huit, dont l'unité de la mesure est la *blanche pointée*.

Six-seize, dont l'unité de la mesure est la *noire pointée*.

MESURES COMPOSÉES A 3 TEMPS.

Neuf-deux, dont l'unité de la mesure est la *brève pointée* et la *ronde pointée* liées ensemble.

Neuf-quatre, dont l'unité de la mesure est la *ronde pointée* et la *blanche pointée* liées ensemble.

Neuf-huit, dont l'unité de la mesure est la *blanche pointée* et la *noire pointée* liées ensemble.

Neuf-seize, dont l'unité de la mesure est la *noire pointée* et la *croche pointée* liées ensemble.

MESURES COMPOSÉES A 4 TEMPS.

Douze-deux, dont l'unité de la mesure est la *maxime pointée*.

Douze-quatre, dont l'unité de la mesure est la *brève pointée*.

Douze-huit, dont l'unité de la mesure est la *ronde pointée*.

Douze-seize, dont l'unité de la mesure est la *blanche pointée*.

76. — *Ne peut-on pas, avec les mesures principales, former encore d'autres mesures ?*

Oui, on peut former la mesure à cinq-temps $5/4$, qui est l'amalgame de la mesure à 3 temps, et de la mesure à 2 temps (deux-quatre); et la mesure à sept-temps $7/4$, qui est l'amalgame de la mesure à 4 temps et de la mesure à 3 temps. Ces deux mesures, très peu usitées, se battent comme les mesures simples dont elles sont formées.

77. — *Quelle remarque peut-on faire au sujet des mesures en général, et de celles à Trois-quatre et à Trois-huit en particulier ?*

C'est que, parmi ce grand nombre de mesures, la plupart d'entre elles ne sont point usitées. Quant aux mesures à Trois-quatre et à Trois-huit, il est d'usage, lorsque le mouvement est rapide, de n'indiquer que le premier temps, le *frappé* seulement.

DEUXIÈME PARTIE

XVI
Des sons musicaux.

78. — *Qu'est-ce qu'un son ?*
Le *son* est la sensation produite sur l'organe auditif par les vibrations d'un corps sonore.

79. — *Par quels signes sont représentés les sons ?*
On représente les sons par des notes placées sur la portée.

80. — *Comment exprime-t-on la durée des sons ?*
Par les figures de notes, telles que la *ronde*, la *blanche*, la *noire*, etc.

81. — *Lorsque les sons sont interrompus, comment s'exprime cette interruption ?*
Par les figures de silences, comme la *pause*, la *demi-pause*, le *soupir*, etc.

82. — *Comment assigne-t-on aux sons le degré précis de leur élévation ou de leur abaissement ?*
Par les différentes positions que les notes occupent dans l'échelle musicale : la notation usuelle parle à l'œil, en sorte que les sons apparaissent *graves* ou *aigus* selon que les notes qui les représentent sont placées en *bas* ou en *haut* de la portée.

83. — *Quelle est la note qui sert de point de repère pour donner à chaque son l'intonation précise qui lui est applicable?*

Cette note est le *la* placé dans le second interligne de la portée, note type, son invariable, que donne le diapason normal lorsqu'on le sollicite.

XVII

Du ton, du demi-ton, du comma.

84. — *Qu'entendez-vous par le mot* TON?

C'est l'intervalle qui se trouve entre deux notes conjointes : il se compose de 9 commas, et se divise en deux demi-tons inégaux, l'un diatonique, l'autre chromatique.

85. — *Qu'est-ce que le* DEMI-TON DIATONIQUE, *et qu'est-ce que le* DEMI-TON CHROMATIQUE?

Le *demi-ton diatonique* est formé par deux notes de noms différents, et se compose de 4 commas.

Le *demi-ton chromatique* est formé par deux notes de même nom, dont l'une des deux est altérée, et se compose de 5 commas.

86. — *Pourquoi le demi-ton diatonique contient-il un comma de moins que le demi-ton chromatique?*

Parce qu'un son en appelle un autre, et que deux notes voisines, placées à distance d'un demi-ton diatonique, ont une propension marquée à se rapprocher, tandis que dans le demi-ton chromatique, au contraire, l'emploi obligatoire d'un signe altératif entraîne la note accidentée et l'éloigne le plus possible de la note précédente : de là provient l'écart d'un comma, qui existe entre le demi-ton diatonique et le demi-ton chromatique.

87. — *Qu'est-ce qu'un* comma?

C'est la neuvième partie du ton. Un si petit intervalle n'est guère appréciable dans la musique pratique, mais les théoriciens sont obligés d'en tenir compte à cause de la différence qui se trouve entre deux sons analogues, comme *do* dièze et *ré* bémol, différence qui s'évanouit dans la division du ton en 9 parties égales.

XVIII

Des temps forts et des temps faibles.

88. — *Qu'entendez-vous par* temps forts *et par* temps faibles?

Les temps d'une mesure quelconque se divisent en *temps forts* et en *temps faibles*. On les appelle ainsi, parce que, dans l'exécution d'un morceau, les temps forts s'imposent par la puissance même du rythme, tandis que dans les temps faibles ce caractère impératif manque absolument.

89. — *Faites-nous connaître les temps forts et les temps faibles des différentes mesures?*

Dans la mesure à 2 temps, le *frappé* est fort, le *levé* est faible.

Dans la mesure à 3 temps, le frappé est fort, le second et le troisième temps sont faibles.

Dans la mesure à 4 temps, le premier et le troisième temps sont forts, le second et le quatrième sont faibles.

90. — *Quelle remarque peut-on faire au sujet du premier et du dernier temps d'une mesure quelconque?*

C'est que, dans toutes les mesures, le *frappé* est toujours fort, tandis que le *levé* est toujours faible.

91. — *Chaque temps de la mesure n'a-t-il pas aussi une partie forte et une partie faible ?*

Oui, chaque temps, à son tour, se subdivise en plusieur parties, dont la première prime les autres.

92. — *Battant la mesure à 4 temps et exécutant la gamme ascendante suivante, do-ré, mi-fa, sol-la, si-do, quelles sont les notes qui correspondent aux parties fortes et aux parties faibles de chaque temps ?*

Les notes correspondant aux parties fortes de chaque temps sont : *do, mi, sol, si.*

Les notes correspondant aux parties faibles de chaque temps sont : *ré, fa, la, do.*

XIX

De la syncope régulière ou ordinaire. De la syncope irrégulière ou brisée.

93. — *Qu'est-ce qu'une* SYNCOPE ?

Il y a *syncope* lorsqu'une note, attaquée sur le temps faible, se prolonge sur le temps fort suivant. (Voyez l'exemple n° 8.)

Il y a également *syncope* lorsqu'une note, attaquée sur la partie faible du temps, se prolonge sur la partie forte du temps suivant. (Voyez l'exemple n° 9.)

94. — *Si les deux exemples précédents débutaient sur le premier temps de la mesure, seraient-il toujours syncopés ?*

Non, ils cesseraient de l'être.

95. — *Pourquoi ?*

Parce qu'en partant sur le frappé de la mesure, le choc du temps faible contre le temps fort serait détruit.

96. — *Combien y a-t-il de sortes de syncopes ?*

Deux, savoir : la syncope régulière ou ordinaire, qui

s'exprime par des notes d'égale valeur, comme dans les deux exemples précités, et la syncope irrégulière ou brisée, qui s'exprime par des notes de valeurs différentes. (Voyez les exemples n° 10 et n° 11.)

XX

Du contre-temps.

97. — *Qu'est-ce que le* CONTRE-TEMPS?

Il y a *contre-temps*, lorsqu'un son est articulé sur le temps faible, et précédé d'un silence sur le temps fort. (Voyez l'exemple n° 12.)

Il y a également *contre-temps*, lorsqu'un son est articulé sur la partie faible du temps, et précédé d'un silence sur la partie forte de ce même temps. (Voyez l'exemple n° 13.)

98. — *Quelle différence y a-t-il entre la syncope et le contre-temps?*

La syncope et le contre-temps se manifestent par des sons qui s'entre-choquent. Or, dans la syncope, les sons sont soutenus, tandis que dans le contre-temps ils sont interrompus par des silences.

XXI

Du genre.

99. — *Qu'est-ce que le* GENRE *en musique?*

C'est l'effet qui résulte d'une manière particulière de rédiger une phrase musicale.

100. — *Combien y a-t-il de genres?*

Trois, savoir : le *genre diatonique*, qui procède par tons et demi-tons, et qui est le plus usité. Le *genre chromatique*, qui procède par demi-tons seulement. Et le *genre enharmonique*, qui consite dans l'emploi de notes de noms différents, lesquelles, à un comma près, produisent la même intonation.

XXII

De la gamme.

101. — *Qu'est-ce qu'une* GAMME ?

C'est une série de notes se suivant dans l'ordre naturel de leur succession ascendante ou descendante.

102. — *Combien y a-t-il de sortes de gammes?*

Deux : la *gamme diatonique* et la *gamme chromatique*.

103. — *Qu'est-ce qu'une* GAMME DIATONIQUE ?

Une gamme est *diatonique* lorsque les notes dont elle se forme se présentent dans l'ordre suivant : *do, ré, mi, fa, sol, la, si, do*.

104. — *Qu'est-ce qu'une* GAMME CHROMATIQUE ?

Une gamme est *chromatique* lorsqu'elle se manifeste par une série de demi-tons, toujours dus à l'emploi d'accidents passagers.

105. — *De quels éléments se compose la gamme diatonique?*

De 5 tons et de 2 demi-tons.

106. — *De quels éléments se compose la gamme chromatique?*

De 7 demi-tons diatoniques, et de 5 demi-tons chromatiques.

107. — *Quelle remarque peut-on faire au sujet de cette dernière gamme ?*

C'est que l'élément diatonique y domine, d'où il résulte que la *gamme chromatique* n'appartient à aucun mode, et qu'elle est considérée, à bon droit, comme une gamme de passage.

XXIII

Des degrés de la gamme, des termes génériques, des principaux degrés de la gamme.

108. — *De combien de manières peut-on désigner le rang que les notes de la gamme occupent dans l'échelle diatonique ?*

De trois manières différentes, savoir : par le nom propre des notes ; — par leur rang numérique ; et par les termes génériques.

Do.	1er degré	Tonique.
Ré.	2me degré	Sus-tonique.
Mi.	3me degré	Médiante.
Fa.	4me degré	Sous-dominante.
Sol.	5me degré	Dominante.
La.	6me degré	Sus-dominante.
Si.	7me degré	Note sensible.
Do.	8me degré	Octave ou tonique.

109. — *Quels sont les principaux degrés de la gamme ?*

1° La *tonique*, qui est la note principale d'une tonalité quelconque.

2° La *dominante*, qui domine dans l'accord parfait, base fondamentale, naturelle, de toute musique, et qui détermine la tonalité.

3° La *médiante*, qui indique le mode, et qui, placée entre la tonique et la dominante, complète l'accord parfait.

4° La *note sensible*, qui amène et fait désirer la tonique, dont le retour renforce l'accord parfait, générateur de la gamme diatonique.

Les autres degrés de la gamme, — la *sus-tonique*, la *sous-dominante*, et la *sus-dominante*; — n'ont qu'une importance relative et tirent leur nom de la place même qu'ils occupent parmi les principaux degrés.

XXIV

Du mode majeur et du mode mineur.

110. — *Qu'est-ce que le* mode *en musique?*

C'est le rapport existant entre les notes d'une gamme, et qui est déterminé par la place précise que les tons et les demi-tons occupent dans l'échelle diatonique.

111. — *Combien y a-t-il de* modes?

Deux : le *mode majeur* et le *mode mineur*.

112. — *A quoi reconnaît-on qu'une gamme ou un morceau de musique procèdent du mode majeur ou du mode mineur?*

On est dans le mode majeur, lorsque la tierce et la sixte sont majeures. On est dans le mode mineur, lorsque la tierce et la sixte sont mineures.

113. — *Quelle est la différence essentielle qui existe entre le mode majeur et le mode mineur?*

Dans la gamme diatonique du mode majeur, le premier demi-ton se trouve placé du 3° au 4° degré, et le second demi-ton, du 7° au 8° degré.

Dans la gamme diatonique du mode mineur avec *trois demi-tons*, qui est la gamme *type*, la vraie gamme mineure, avec son caractère triste et plaintif, les demi-tons se trouvent placés du 2e au 3e, du 5e au 6e, et du 7e au 8e degré. Cette gamme se descend dans le même ordre qu'en montant.

114. — *La gamme mineure n'a-t-elle pas une autre formule ?*

Oui, elle se fait aussi avec deux demi-tons, afin d'éviter la *seconde augmentée* placée entre le 6e et le 7e degré de la gamme ascendante, intervalle d'un effet dur à l'oreille, difficile d'intonation, et qui n'appartient à aucun genre. Dans ce cas, on hausse d'un demi-ton le 6e degré de la gamme ascendante, et dès lors les demi-tons se trouvent ainsi répartis : en montant, du 2e au 3e, du 7e au 8e degré ; en descendant, du 6e au 5e, du 3e au 2e degré.

115. — *Quelle remarque peut-on faire au sujet du 7e degré de la gamme mineure ?*

Lorsque cette gamme (2e manière) est descendante, le 7e degré n'étant plus à un demi-ton de la tonique, cesse d'en être la note sensible : il prend alors, arbitrairement, le nom de *sous-tonique*.

XXV

Des notes tonales et des notes modales.

116. — *Qu'entendez-vous par* NOTES TONALES *et* NOTES MODALES ?

Les *notes tonales* ou cordes fixes sont : la *tonique*, la *sus-tonique*, la *sous-dominante* et la *dominante*. On les appelle ainsi parce qu'elles sont communes aux deux modes.

Les notes *modales* ou cordes mobiles, sont : la *médiante*, la *sus-dominante*, et même la *note sensible*. On les appelle ainsi, parce que, dans le mode mineur, elles sont un demi-ton plus basses que dans le mode majeur.

117. — *D'après cette règle, et étant donné le ton de do majeur, quelles sont les notes qu'il faut baisser pour être en do mineur?*

Il faut baisser d'un demi-ton les trois notes modales suivantes : Si, mi, la, à l'aide de trois bémols placés à la clé. La même opération est applicable à toutes les tonalités mineures.

XXVI

Des gammes relatives.

118. — *Qu'entendez-vous par* GAMMES RELATIVES ?

Une seule et même armure de clé fournit toujours deux tonalités, l'une majeure, l'autre mineure et le rapport qui existe entre elles leur a fait donner le nom de *gammes relatives*.

119. — *A quel intervalle les gammes relatives sont-elles l'une de l'autre ?*

Toute gamme mineure relative est à une tierce mineure au-dessous de sa gamme majeure relative, et *vice versâ*.

120. — *Lorsque la clé est armée de dièzes et de bémols, que faut-il faire pour connaître le ton dans lequel un morceau de musique est écrit ?*

Avec des dièzes, la tonique du ton majeur est toujours un demi-ton au-dessus du dernier dièze placé à la clé.

Avec des bémols, la tonique du ton majeur est toujours quatre degrés au-dessous du dernier bémol placé à la clé.

Pour ce qui est du ton mineur relatif, si |dans les premières mesures du morceau, soit au chant, soit à l'accompagnement, on rencontre la note sensible du ton présumé, toujours due à un accident passager, on est dans ce ton ; si on ne la rencontre pas, on est dans le ton majeur.

121. — *Quelle remarque peut-on faire au sujet du rapport qui existe entre les gammes relatives ?*

C'est que l'armure de la clé est commune aux deux modes; que la gamme mineure est formée des mêmes sons que la gamme majeure; et que toute la différence consiste dans l'accident qui hausse d'un demi-ton le 7e degré de la gamme mineure. (Voyez l'exemple n° 14.)

XXVII

Des tonalités.

122. — *Qu'est-ce que la* TONALITÉ ?
C'est la manière d'être d'une gamme diatonique.

123. — *Combien compte-t-on de tonalités ?*
On compte 30 tonalités, savoir :
   Sept majeures par dièzes ;
   Sept majeures par bémols ;
   Sept mineures par dièzes ;
   Sept mineures par bémols ;
Plus, deux tonalités sans rien à la clé, l'une majeure, l'autre mineure, et qui servent de [type aux autres gammes : total, 30 tonalités.

124. — *Donnes-nous le tableau général des tonalités.*

Sans accident, on est en **DO** majeur, ou en **LA** mineur (sensible, **SOL** dièze).
Avec 1 dièze, on est en **SOL** majeur, ou en **MI** mineur (sensible, **RE** dièze).
Avec 2 dièzes, on est en **RÉ** majeur, ou en **SI** mineur (sensible, **LA** dièze).
Avec 3 dièzes, on est en **LA** majeur, ou en **FA** dièze mineur (sensible, **MI** dièze).
Avec 4 dièzes, on est en **MI** majeur, ou en **DO** dièze mineur (sensible, **SI** dièze).
Avec 5 dièzes, on est en **SI** majeur, ou en **SOL** dièze mineur (sensible, **FA** double-dièze).
Avec 6 dièzes, on est en **FA** dièze majeur, ou en **RE** dièze mineur (sensible, **DO** double-dièze).
Avec 7 dièzes, on est en **DO** dièze majeur, ou en **LA** dièze mineur (sensible, **SOL** double-dièze).
Avec 1 bémol, on est en **FA** majeur, ou en **RÉ** mineur (sensible, **DO** dièze).
Avec 2 bémols, on est en **SI** bémol majeur, ou en **SOL** mineur (sensible, **FA** dièze).
Avec 3 bémols, on est en **MI** bémol majeur, ou en **DO** mineur (sensible, **SI** naturel).
Avec 4 bémols, on est en **LA** bémol majeur, ou en **FA** mineur (sensible, **MI** naturel).
Avec 5 bémols, on est en **RE** bémol majeur, ou en **SI** bémol mineur (sensible, **LA** naturel).
Avec 6 bémols, on est en **SOL** bémol majeur, ou en **MI** bémol mineur (sensible, **RÉ** naturel).
Avec 7 bémols, on est en **DO** bémol majeur, ou en **LA** bémol mineur (sensible, **SOL** naturel).

125. — *Combien de fois chaque note de la gamme est-elle tonique ?*

Les notes *do* et *la* sont toniques cinq fois, et les autres notes quatre fois seulement.

Do   majeur, sans accident.
Do dièze   majeur, avec 7 dièzes.
Do bémol   majeur, avec 7 bémols.
Do dièze   mineur, avec 4 dièzes.
Do   mineur, avec 3 bémols.

Ré   majeur, avec 2 dièzes.
Ré bémol   majeur, avec 5 bémols.
Ré dièze   mineur, avec 6 dièzes.
Ré   mineur, avec 1 bémol.

Mi   majeur, avec 4 dièzes.
Mi bémol   majeur, avec 3 bémols.
Mi   mineur, avec 1 dièze.
Mi bémol   mineur, avec 6 bémols.

Fa dièze   majeur, avec 6 dièzes.
Fa   majeur, avec 1 bémol.
Fa dièze   mineur, avec 3 dièzes.
Fa   mineur, avec 4 bémols.

Sol   majeur, avec 1 dièze.
Sol bémol   majeur, avec 6 bémols.
Sol dièze   mineur, avec 5 dièzes.
Sol   mineur, avec 2 bémols.

La majeur, avec 3 dièzes.
La bémol majeur, avec 4 bémols.
La mineur, sans accident.
La dièze mineur, avec 7 dièzes.
La bémol mineur, avec 7 bémols.

Si majeur, avec 5 dièzes.
Si bémol majeur, avec 2 bémols.
Si mineur, avec 2 dièzes.
Si bémol mineur, avec 5 bémols.

126. Dans les tons majeurs par dièzes, combien y a-t-il de toniques naturelles, et combien y en a-t-il d'altérées ?

Les cinq premières toniques sont naturelles, et les deux dernières sont diézées :

Sol majeur.
Ré majeur.
La majeur.
Mi majeur.
Si majeur.
Fa dièze majeur.
Do dièze majeur.

127. — Dans les tons majeurs par bémols, combien y a-t-il de toniques naturelles, et combien y en a-t-il d'altérées ?

La première tonique est naturelle, et les six dernières sont bémolisées :

Fa majeur.
Si bémol majeur.
Mi bémol majeur.
La bémol majeur.
Ré bémol majeur.

Sol bémol majeur.
Do bémol majeur.

128. — *Dans les tons mineurs par dièzes, combien y a-t-il de toniques naturelles, et combien y en a-t-il d'altérées?*

Les deux premières toniques sont naturelles, et les cinq dernières sont diézées :

Mi   mineur.
Si   mineur.
Fa dièze mineur.
Do dièze mineur.
Sol dièze mineur.
Ré dièze mineur.
La dièze mineur.

129. — *Dans les tons mineurs par bémols, combien y a-t-il de toniques naturelles, et combien y en a-t-il d'altérées?*

Les quatre premières toniques sont naturelles, et les trois dernières sont bémolisées :

Ré   mineur.
Sol   mineur.
Do   mineur.
Fa   mineur.
Si bémol mineur.
Mi bémol mineur.
La bémol mineur.

130. — *Parmi les 30 tonalités, combien y en a-t-il d'enharmoniques?*

Il y en a six, trois majeures et trois mineures, savoir :
Si majeur, enharmonique de do bémol majeur.
Fa dièze majeur, enharmonique de sol bémol majeur.
Do dièze majeur, enharmonique de ré bémol majeur.

Sol dièze mineur, enharmonique de la bémol mineur.
Ré dièze mineur, enharmonique de mi bémol mineur.
La dièze mineur, enharmonique de si bémol mineur.

131. — *Quelle remarque peut-on faire au sujet des signes altératifs qui déterminent les tonalités enharmoniques ?*

C'est que, en additionnant les dièzes et les bémols de deux tonalités différentes formant une enharmonie, on trouve *toujours* le total de douze accidents.

XXVIII

Des degrés conjoints et des degrés disjoints.

132. — *Qu'entendez-vous par* DEGRÉS CONJOINTS *et par* DEGRÉS DISJOINTS ?

On entend par *degrés conjoints* des notes se suivant dans l'ordre de la gamme.

On entend par *degrés disjoints* des notes se succédant à un intervalle plus grand que la seconde.

XXIX

Des intervalles.

133. — *Qu'est-ce qu'un* INTERVALLE ?
L'*intervalle* est la distance qui sépare deux sons.

134. — *Qu'entendez-vous par intervalle simple ?*
Un intervalle est simple lorsqu'il n'excède pas l'étendue d'une octave.

135. — *D'où les intervalles simples tirent-ils leur nom et leur qualification ?*

Les intervalles simples tirent leur nom du nombre de

degrés dont ils se forment, et leur qualification du nombre de demi-tons qu'ils contiennent.

136. — *Donnez-nous le tableau général des* INTERVALLES SIMPLES.

SECONDES.

Seconde diminuée (1).
Seconde mineure : de **DO** naturel à **RÉ**   bémol, 1 demi-ton.
Seconde majeure : de **DO** naturel à **RÉ**   naturel, 2 demi-tons.
Seconde augmentée : de **DO** naturel à **RÉ**   dièze, 3 demi-tons.

TIERCES.

Tierce diminuée : de **DO** naturel à **MI** double-bémol, 2 demi-tons.
Tierce mineure :   de **DO** naturel à **MI**   bémol, 3 demi-tons.
Tierce majeure :   de **DO** naturel à **MI**   naturel, 4 demi-tons.
Tierce augmentée : de **DO** naturel à **MI**   dièze, 5 demi-tons.

QUARTES.

Quarte diminuée : de **DO** naturel à **FA**   bémol, 4 demi-tons.
Quarte parfaite : de **DO** naturel à **FA**   naturel, 5 demi-tons.
Quarte augmentée : de **DO** naturel à **FA**   dièze, 6 demi-tons.

QUINTES.

Quinte diminuée : de **DO** naturel à **SOL** bémol, 6 demi-tons.
Quinte parfaite : de **DO** naturel à **SOL** naturel, 7 demi-tons.
Quinte augmentée : de **DO** naturel à **SOL** dièze, 8 demi-tons.

SIXTES.

Sixte diminuée :   de **DO** naturel à **LA** double-bémol, 7 demi-tons.
Sixte mineure :   de **DO** naturel à **LA**   bémol, 8 demi-tons.
Sixte majeure :   de **DO** naturel à **LA**   naturel, 9 demi-tons.
Sixte augmentée : de **DO** naturel à **LA**   dièze, 10 demi-tons.

(1) La seconde est le seul intervalle qui ne puisse être diminué.

SEPTIÈMES.

Septième diminuée : de **DO** naturel à **SI** double-bémol, 9 demi-tons.
Septième mineure : de **DO** naturel à **SI** bémol, 10 demi-tons.
Septième majeure : de **DO** naturel à **SI** naturel, 11 demi-tons.
Septième augmentée (1).

OCTAVES.

Octave diminuée : de **DO** naturel à **DO** bémol (3º interl.), 11 ½ tons.
Octave parfaite : de **DO** naturel à **DO** naturel (3º interl.), 12 ½ tons.
Octave augmentée : de **DO** naturel à **DO** dièze (3º interl.), 13 ½ tons.

137. — *De combien de modifications les intervalles simples sont-ils susceptibles ?*

Les intervalles simples sont susceptibles de trois modifications, savoir : le *renversement*, le *redoublement* et l'*enharmonique*.

138. — *Qu'entendez-vous par le* RENVERSEMENT *des intervalles ?*

Renverser un intervalle, c'est déplacer l'un des deux sons qui le forment, c'est-à-dire transposer le son grave de cet intervalle à l'octave supérieure, ou bien transposer le son aigu de ce même intervalle à l'octave inférieure. Bien que n'étant pas un intervalle, on renverse néanmoins l'unisson.

139. — *Qu'est-ce qu'un* UNISSON *?*

Il y a *unisson* lorsque plusieurs voix ou plusieurs instruments produisent le même son.

140. — *Faites-nous connaître la transformation qui, par le renversement, s'opère dans les intervalles simples.*

(1) La septième est le seul intervalle qui ne puisse être augmenté.

L'Unisson. . . .	devient.	Octave.
La Seconde. . .	devient.	Septième.
La Tierce. . . .	devient.	Sixte.
La Quarte. . . .	devient.	Quinte.
La Quinte. . . .	devient	Quarte.
La Sixte. . . .	devient.	Tierce.
La Septième. . .	devient.	Seconde.
L'Octave. . . .	devient.	Unisson.

Par voie de conséquence, le renversement produisant toujours son contraire,

L'intervalle diminué. . .	devient. . .	augmenté.
L'intervalle mineur. . .	devient. . .	majeur.
L'intervalle majeur. . .	devient. . .	mineur.
L'intervalle parfait. . .	reste. . .	parfait.
L'intervalle augmenté. . .	devient. . .	diminué.

141. — *Quelle remarque peut-on faire au sujet des degrés contenus dans l'intervalle simple et dans le renversement ?*

C'est que la réunion de ces deux intervalles forme toujours 9 degrés et 12 demi-tons.

142. — *Qu'est-ce qu'un* INTERVALLE REDOUBLÉ ?

Un intervalle est redoublé lorsqu'il excède l'étendue d'une octave. Par conséquent, la neuvième, la dixième, etc., sont des intervalles redoublés.

143. — *Les intervalles redoublés peuvent-ils se renverser ?*

Non, les intervalles redoublés ne peuvent point se renverser (1).

---

(1) Si l'on renversait un *intervalle redoublé*, la note grave, transposée une octave plus haut, serait encore la note grave du renversement, tandis que la note aiguë, transposée une octave plus bas, serait toujours, elle aussi, la note aiguë du renversement.

144. — *Comment procède-t-on pour reconnaître de quel intervalle simple émane un intervalle redoublé, et* vice versâ ?

On ajoute 7 degrés à l'intervalle simple pour trouver son redoublement ; on supprime, au contraire, 7 degrés de l'intervalle redoublé pour trouver son intervalle simple. Exemple :

Si à un intervalle de seconde on ajoute 7 degrés, on a une neuvième : celle-ci est donc le redoublement de la seconde.

Si, au contraire, à une dixième on retranche 7 degrés, reste une tierce : celle-ci est donc l'intervalle simple de la dixième.

145. — *Un intervalle peut-il être redoublé à une ou plusieurs octaves de l'intervalle simple ?*

Oui. Dans ce cas, il faut ajouter autant de fois 7 degrés qu'on veut opérer de redoublements.

146. — *D'après ces données, quel est le redoublement de la tierce à deux octaves ?*

Si l'on ajoute deux fois 7 degrés à la tierce, on a une dix-septième.

147. — *Quelle remarque peut-on faire au sujet de la qualification des intervalles redoublés ?*

C'est que les intervalles redoublés portent toujours les mêmes qualifications que les intervalles simples dont ils procèdent : si ces derniers sont diminués, mineurs, majeurs, parfaits ou augmentés, les intervalles redoublés qui en émanent sont également diminués, mineurs, majeurs, parfaits, ou augmentés ; ils ne changent pas.

148. — *Qu'entendez-vous par* INTERVALLES ENHARMONIQUES ?

On entend par *intervalles enharmoniques* deux intervalles différents, produisant la même intonation, et contenant la même quantité de demi-tons. C'est pourquoi l'intervalle enharmonique de la seconde majeure est la tierce diminuée; celui de la tierce majeure est la quarte diminuée, etc.

XXX

Du rythme.

149. — *Qu'est-ce que le* RYTHME?

Le *rythme* concourt à varier les effets d'une mélodie et à la rendre plus agréable à l'oreille par la durée relative des sons. La stricte observance du rythme en notes d'égale valeur amènerait vite la monotonie et provoquerait l'ennui; le rythme, en notes d'inégale valeur, au contraire, ravive l'attention, excite l'intérêt et se prête à une foule de combinaisons dont la diversité forme le charme principal : il est un des plus puissants moyens de la musique, à laquelle il donne la vie et le mouvement.

Le mot *rythme* se prend encore dans un autre sens, et désigne cette symétrie cadencée qui augmente l'attrait d'une composition musicale, et qu'on appelle *la carrure de la phrase*.

XXXI

De l'en levant.

150. — *Qu'entendez-vous par les mots* UN EN LEVANT?

On appelle *Un en levant* la note ou les notes qui se trouvent sur le dernier temps d'une mesure, lorsque la phrase musicale commence sur ce temps.

XXXII

De la partition.

151. — *Qu'est-ce que la* PARTITION?

On entend par *partition* la réunion des différentes parties d'un morceau de musique : celles-ci étant écrites les unes au-dessous des autres, on peut, de cette manière, embrasser l'ensemble d'une composition musicale, et voir d'un coup d'œil tout ce qui s'exécute simultanément.

XXXIII

Du diapason normal.

152. — *Qu'est-ce que le* DIAPASON NORMAL?

Le *diapason normal* est un petit instrument en acier qui produit 870 vibrations par seconde, et qui donne un son invariable, le *la*, correspondant au *la* placé dans le second interligne de la portée. C'est sur cette note type que les musiciens d'un orchestre accordent leurs instruments : c'est ce qu'on appelle *prendre l'accord*. On dit aussi, par extension : *le diapason d'un instrument, d'une voix, d'une clé.*

XXXIV

Du métronome.

153. — *Qu'est-ce que le* MÉTRONOME?

Le *métronome* est une sorte de pendule ou balancier

gradué dont les oscillations peuvent se précipiter ou se ralentir à volonté, et qui sert à indiquer le mouvement exact qu'on doit donner à l'exécution d'un morceau de musique.

XXXV

Des voix.

154. — *Combien y a-t-il de genres de voix?*
Il y a deux genres de voix, savoir : les voix d'hommes et les voix de femmes ou d'enfants.

155. — *Faites-nous connaître quelle est la différence essentielle qui existe entre ces deux genres de voix?*
C'est que les voix de femmes ou d'enfants sont plus aiguës d'une octave que les voix d'hommes.

XXXVI

De la modulation.

156. — *Qu'entendez-vous par* MODULER?
Moduler, c'est passer d'un ton dans un autre ton, majeur ou mineur.

On module de deux manières différentes : en passant du ton principal à un *ton voisin*, ou en passant à un *ton éloigné*.

Toute modulation est provoquée ou déterminée par un ou plusieurs *accidents* que ne comporte pas le ton que l'on quitte. Les notes modifiées par ces accidents s'appellent *notes caractéristiques*.

157. — *Quelle est la note caractéristique qui détermine ordinairement la modulation?*

C'est presque toujours la *note sensible* ou la *sous-dominante* du ton où l'on va.

158. — *Donnez-nous quelques exemples pratiques de modulations d'après ces principes ?*

Premier exemple, étant donné le ton de *do* majeur comme point de départ :

Si l'on rencontre le *fa* dièze, soit au chant, soit à l'accompagnement, on monte d'un degré, et l'on est dans la tonalité de *sol* majeur ;

Si l'on rencontre le *si* bémol, on descend de quatre degrés, et l'on a la tonalité de *fa* majeur.

Deuxième exemple, étant donné le ton de *la* majeur comme point de départ :

Si l'on rencontre le *ré* dièze (qui implique la présence des trois premiers dièzes), on monte d'un degré, et l'on a la tonalité de *mi* majeur ;

Si l'on rencontre le *ré* bémol (qui implique la présence des trois premiers bémols), on descend de quatre degrés, et l'on a la tonalité de *la* bémol majeur.

Il ne faut point confondre les notes chromatiques, qui n'*impliquent aucune idée de modulation*, avec les *notes caractéristiques*, qui provoquent, au contraire, la transition.

Lorsqu'on revient au ton primitif, on trouve *toujours* le signe altératif chargé de détruire la *note caractéristique* qui a déterminé telle ou telle modulation.

XXXVII

De l'échelle musicale.

159. — *Qu'entendez-vous par* ÉCHELLE MUSICALE *?*

L'*échelle musicale* est la réunion de tous les sons appréciables à l'oreille, dont l'étendue forme à peu près sept octaves, et dont le clavier d'un piano offre la succession.

160. — *Faites-nous connaître le nom et la place précise que ces sept octaves occupent dans l'étendue des sons musicaux?*

La *contre-octave* commence à la note *do*, avec cinq lignes additionnelles sous la portée, en clé de *fa* 4e.

La *grande octave* commence à la note *do*, avec deux lignes additionnelles sous la portée, en clé de *fa* 4e.

La *petite octave* commence à la note *do*, second interligne de la portée, en clé de *fa* 4e.

La première octave commence à la note *do*, avec une ligne additionnelle sous la portée, en clé de *sol*.

La seconde octave commence à la note *do*, troisième interligne de la portée, en clé de *sol*.

La troisième octave commence à la note *do*, avec deux lignes additionnelles au-dessus de la portée, en clé de *sol*.

La quatrième octave commence à la note *do*, avec cinq lignes additionnelles au-dessus de la portée, en clé de *sol*. (Voyez l'exemple n° 15.)

161. — *En combien de sections ou registres se divise l'échelle musicale?*

L'échelle musicale se divise en trois sections ou registres, savoir : le *grave*, le *médium* et l'*aigu*.

162. — *A quels registres appartiennent les différentes clés en usage?*

Les clés de *fa* 3e et 4e lignes appartiennent au registre *grave*.

Les clés d'*ut* 2e, 3e et 4e lignes appartiennent au registre du *médium*.

La clé d'*ut* 1re ligne et la clé de *sol* 2e ligne appartiennent au registre *aigu*.

XXXVIII

Du nombre total des clés, de leur diapason et de leur lecture.

163. — *Quel est le nombre total des* clés?

Il y a sept *clés* (1), dont l'utilité est incontestable pour la transposition, et qu'il importe par conséquent de bien connaître.

164. — *Quelle est la progression des clés, et quel est leur véritable diapason ?*

Les clés se succèdent à une tierce l'une de l'autre en partant de la clé de *sol* 2e ligne, qui est la plus haute, jusqu'à la clé de *fa* 4e ligne, qui est la plus basse, et dont le registre, à première vue, paraît plus élevé, mais dont le diapason est, en réalité, une treizième au-dessous de la clé de *sol* 2e ligne. En conséquence, si, pour le diapason, l'on prend cette dernière clé comme point de départ,

La clé d'*ut* 1re ligne s'exécute une tierce plus bas.
La clé d'*ut* 2e ligne s'exécute une quinte plus bas.
La clé d'*ut* 3e ligne s'exécute une septième plus bas.
La clé d'*ut* 4e ligne s'exécute une neuvième plus bas.
La clé de *fa* 3e ligne s'exécute une onzième plus bas.
La clé de *fa* 4e ligne s'exécute une treizième plus bas.

(Voyez l'exemple n° 16.)

165. — *Faites-nous connaître maintenant quel est le rap-*

---

(1) Il y a aussi la clé de *sol* 1re ligne qui se lit comme la clé de *fa* 4e ligne, avec laquelle, sous ce rapport, elle fait double emploi, et dont le diapason est une quinzième plus élevé. Cette clé, ainsi que les clés d'*ut* 2e ligne et de *fa* 3e ligne, ne sont plus en usage; on ne s'en sert que dans la transposition.

port des clés entre elles, envisagé au point de vue de leur lecture seulement.

Voici, comme lecture, quel est le rapport des clés entre elles, en prenant, cette fois encore, la clé de *sol* 2e ligne comme point départ :

La clé d'*ut* 1re ligne se lit une tierce plus bas.
La clé d'*ut* 2e ligne se lit une quinte plus bas.
La clé d'*ut* 3e ligne se lit une seconde plus haut.
La clé d'*ut* 4e ligne se lit une seconde plus bas.
La clé de *fa* 3e ligne se lit une quarte plus bas.
La clé de *fa* 4e ligne se lit une tierce plus haut.

166. — *Comment expliquez-vous l'emploi d'un aussi grand nombre de clés ?*

Sans le concours des clés usuelles et de la clé d'octave, il serait presque impossible d'écrire sur une seule portée toutes les notes contenues dans l'échelle musicale, et c'est pour obvier à cet inconvénient qu'on a imaginé les diverses clés à l'aide desquelles on concentre dans un espace relativement peu étendu tous les sons du domaine d'une voix ou d'un instrument, et qui permettent même d'écrire toutes les notes de la gamme sur une seule ligne. (Voyez l'exemple nº 17.)

XXXIX

De la transposition.

167. — *Qu'est-ce que la* TRANSPOSITION ?

La *transposition* consiste à exécuter ou à transcrire un morceau de musique plus bas ou plus haut qu'il n'est écrit. Si, malgré la transposition, on conserve la même tonique, il faut changer seulement l'armure de la clé ; si, au contraire, la transposition transforme le nom de la tonique, il faut non seulement changer l'armure de la clé, mais encore l'appellation des notes.

168. — *En transposant doit-on se préoccuper du diapason des clés ?*

Non, on n'a égard qu'à leur lecture, car les clés indiquent toujours le nom des notes, mais non point la place précise que celles-ci occupent dans l'échelle musicale.

169. — *Que faut-il faire pour trouver la clé applicable à une transposition ?*

Il faut d'abord reconnaître la tonalité dans laquelle est écrit le morceau qu'on veut transposer ; puis discerner à quel intervalle du ton primitif doit s'effectuer la transposition projetée, et quelle en sera la nouvelle armure ; enfin, passer de la théorie à la pratique dans l'application des principes suivants, la clé de *sol* 2e ligne étant donnée comme point de départ :

La clé d'*ut* 3e ligne se lit une seconde plus haut.
La clé de *fa* 4e ligne se lit un tierce plus haut.
Tandis que, au contraire :
La clé d'*ut* 4e ligne se lit une seconde plus bas.
La clé d'*ut* 1re ligne se lit une tierce plus bas.
La clé de *fa* 3e ligne se lit une quarte plus bas.
La clé d'*ut* 2e ligne se lit une quinte plus bas.

La stricte application de ces principes fera facilement trouver la clé qui convient à une transposition quelconque (1).

---

(1) Ici, le professeur, pour familiariser l'élève avec le jeu des clés et s'assurer qu'il en connaît les diverses propriétés, devra exiger de ce dernier qu'il trace sur le tableau maintes gammes présentées sous

170. — *Que deviennent, par l'effet de la transposition, les signes altératifs placés à la clé, et les accidents passagers ?*

Les uns et les autres subissent, comme les notes, l'action de la transposition. Il faut donc, lorsqu'on transpose un morceau, changer mentalement l'armure de la clé, modifier plus ou moins les accidents passagers, et veiller avec soin à ce que, dans la nouvelle tonalité, le rapport des notes entre elles ne soit point interrompu, et que les intervalles qui les séparent soient rigoureusement maintenus : c'est là que gît la véritable difficulté de la transposition.

171. — *Un morceau écrit dans le mode majeur peut-il être transposé dans le mode mineur ?*

Non, le mode est immuable ; il ne change pas : ce qui est écrit dans le mode majeur doit rester majeur nonobstant la transposition. Il en est de même pour le mineur.

Nota. — Ici finit la théorie que les élèves doivent *savoir par cœur*. Quant aux questions contenues dans la troisième partie et la quatrième, toute latitude est laissée aux élèves pour y répondre.

différents aspects, en employant toutes les clés. (Voyez l'exemple N° 18.)

TROISIÈME PARTIE

XL

Questions supplémentaires.

172. — A quel intervalle les lignes de la portée sont-elles placées les unes des autres ?

173. — Et les espaces ?

174. — Et les lignes additionnelles ou supplémentaires ?

175. — Comment nommez-vous la note qui se place sur la 1re ligne de la portée ?

176. — Et sur le 5e ligne ?

177. — Et sur la 3e ligne ?

178. — Et dans le 1er espace ?

179. — Et dans le 4e espace ?

180. — Et sur la 1re ligne additionnelle ou supplémentaire au-dessus de la portée ?

181. — Et sur la 1re ligne additionnelle ou supplémentaire au-dessous de la portée ?

*
* *

182. — Combien de clés peut-on placer sur chaque ligne de la portée (la 5e ligne exceptée) ?

183. — Quelles sont les clés qui se placent sur la 1re ligne ?

184. — Et sur la 2e ligne ?

185. — Et sur la 3e ligne ?

186. — Et sur la 4e ligne ?

187. — Pourquoi ne place-t-on aucune clé sur la 5e ligne ?

*
* *

188. — Quelle est la soixante-quatrième partie d'une ronde ?

189. — Quelle est la trente-deuxième partie d'une blanche ?

190. — Quelle est la huitième partie d'une noire ?

191. — Combien une croche vaut-elle de quadruples croches ?

192. — Les crochets de la croche, de la double croche, etc., sont-ils un signe de diminution ou d'augmentation de la valeur des notes ?

*
* *

193. — Quelle est la figure de silence qui équivaut à quatre soupirs ?

194. — Quelle est la figure de silence qui correspond à une triple croche ?

195. — Combien faut-il de demi-soupirs pour deux rondes ?

*
* *

196. — Combien y a-t-il de demi-tons entre deux notes

de même nom, dont l'une est bémolisée et l'autre diézée?

197. — Combien y a-t-il de tons entre deux notes de même nom, dont l'une est affectée d'un double bémol et l'autre d'un double dièze?

*
* *

198. — Nommez la note qui est affectée par le premier dièze placé à la clé.

199. — Quelle est celle qui est affectée par le dernier dièze?

200. — Nommez la note qui est affectée par le premier bémol placé à la clé.

201. — Quelle est celle qui est affectée par le dernier bémol?

202. — Quelle est la place précise que les *accidents constituants* occupent sur la portée, et où rencontre-t-on les *accidents passagers*?

*
* *

203. — Combien une ronde pointée vaut-elle de croches?

204. — Combien une blanche doublement pointée vaut-elle de croches?

205. — Peut-on placer le point après une figure de silence?

206. — Peut-on placer le point au *frappé* d'une mesure?

207. — Quelle différence faites-vous entre le *point d'orgue* et le *point d'arrêt*?

208. — Lorsqu'une liaison réunit plusieurs notes de même nom, comment exécute-t-on ces dernières?

209. — Lorsqu'une liaison réunit plusieurs notes de nom différent, comment exécute-t-on celles-ci ?

*
* *

210. — Quelles sont les abréviations les plus usitées dans la musique instrumentale ?

211. — Où place-t-on ordinairement les mots *Da capo* ?

212. — Tracez sur le tableau une *reprise*, un *renvoi*, un *trémolo*, une *accolade*.

213. — Peut-on avec la voix exécuter un *trémolo* ?

*
* *

214. — Comment nomme-t-on la division d'une note en trois parties égales ?

215. — Quelle est la figure de silence qui équivaut à un triolet de croches ?

216. — Quelle est la figure de silence qui équivaut à un sextolet de doubles croches ?

217. — Quelle est la mesure qui contient trois triolets de croches ?

218. — Par quels chiffres indique-t-on ordinairement les valeurs de notes irrégulières ?

*
* *

219. — De combien de notes se compose ordinairement le *gruppetto* ?

220. — Par quel signe abréviatif s'exprime le *gruppetto* ?

221. — Quelle différence faites-vous entre le *trille* et le *mordant* ?

222. — Citez quelques-unes des expressions italiennes dont on se sert pour indiquer le plus ou moins de force qu'on doit donner à un son.

223. — Citez quelques-unes des expressions italiennes dont on se sert pour indiquer le plus ou moins de douceur qu'on doit donner à un son.

**

224. — Citez quelques expressions italiennes applicables à un mouvement lent.

225. — Citez quelques expressions italiennes applicables à un mouvement rapide.

**

226. — Comment battez-vous la mesure à Trois-huit et à Trois-quatre, dans un mouvement rapide ?

227. — Dans la mesure à Six-huit, exprimée par deux chiffres superposés, quel est le *numérateur* et quel est le *dénominateur* ?

228. — Faites-nous connaître les chiffres qu'on emploie comme *numérateurs*.

229. — Faites-nous connaître les chiffres qu'on emploie comme *dénominateurs*.

230. — Quelle est la différence rythmique qui existe entre une mesure à Douze-huit et quatre mesures à Trois-huit ?

231. — Quelle est la valeur unitaire de la mesure à Trois-huit ?

2.

232. — Quelle est la valeur unitaire de la mesure à Six-huit?

233. — Quelles sont les trois mesures qui ont une *ronde pointée* pour valeur unitaire?

234. — Quelle est la figure de note qui représente l'*unité de temps* dans la mesure à douze-huit?

235. — Quelle est la durée d'une croche dans la mesure à Neuf-huit?

236. — Donnez-nous l'exemple d'une *mesure simple*, et dites-nous quelle est sa *mesure composée*.

237. — Donnez-nous l'exemple d'une *mesure composée*, et dites-nous quelle est sa *mesure simple*.

238. — Dans une mesure à Quatre temps, quelle est la valeur d'un *soupir pointé*?

239. — Dans la mesure à Six-huit, quelle est la valeur de *deux soupirs*?

240. — Dans la mesure à Neuf-seize, quelle est la valeur d'une *double croche*?

241. — Dans la mesure à Trois-huit, la *pause* vaut-elle moins, vaut-elle plus, que la figure de note à laquelle elle correspond (1)?

242. — Que vaut la *pause* dans une mesure à Douze-huit?

243. — Dans une mesure à Quatre temps, la *pause* est-elle insuffisante, suffisante ou exubérante?

Etc., etc., etc.

***

244. — Dans la gamme de *mi* majeur, entre quelles notes trouve-t-on l'intervalle d'*un ton*?

---

(1) Relire la question 25, chapitre VI.

245. — Dans la gamme de *fa* mineur, entre quelles notes trouve-t-on l'intervalle d'un *demi-ton* ?

246. — Qu'est-ce que le *demi-ton diatonique* ? Donnez-en un exemple.

247. — Qu'est-ce que le *demi-ton chromatique* ? donnez-en un exemple.

248. — Quelle note faut-il placer entre *fa* et *sol* pour former d'abord un *demi-ton diatonique* ?

249. — Quelle note faut-il placer entre *fa* et *sol* pour former d'abord un *demi-ton chromatique* ?

250. — Qu'est-ce qu'un *comma* ?

251. — Quelle est le rapport qui existe entre *fa double dièze* et *la double bémol* ?

*
* *

252. — Quels sont les *temps forts* dans la mesure à Cinq temps ?

253. — Quels sont les *temps faibles* dans la mesure à Sept temps ?

*
* *

254. — Qu'est-ce que la *syncope régulière* ? Donnez-en un exemple en employant des blanches.

255. — Donnez un exemple de la *syncope régulière* en employant des noires.

256. — Qu'est-ce que la *syncope irrégulière* ? Donnez-en un exemple.

*
* *

257. — Qu'est-ce que le *contre-temps* ? Donnez-en un exemple en employant des noires.

258. — Donnez un exemple du *contre-temps* en employant des croches ?

*

259. — A quel genre appartient la gamme ascendante de *mi* majeur ?
260. — A quel genre appartient une gamme descendante qui procède uniquement par demi-tons ?
261. — A quel genre appartiennent deux notes différentes produisant la même intonation ?
262. — Quelle différence y a-t-il entre un *unisson* et une *enharmonie* ?
263. — Quelle est l'enharmonie de *mi dièze* ?
264. — Quelle est l'enharmonie de *fa bémol* ?
265. — Quelle est l'enharmonie de *la double dièze* ?
266. — Quelle est l'enharmonie de *sol double bémol* ?
267. — Nommez ou tracez sur le tableau trois notes de nom différent produisant la même intonation ?
268. — Quelles sont les notes qui forment une enharmonie avec *fa naturel* ?
269. — Quelles sont les notes qui forment une enharmonie avec *la naturel* ?

*

270. — Dans toutes les gammes, majeures ou mineures, à quel intervalle la *note sensible* se trouve-t-elle de la *tonique* ?
271. — Ecrivez la *gamme chromatique* ascendante et descendante de la gamme de *do* majeur. (Voyez l'exemple 19.)

272. — Ecrivez la *gamme chromatique* ascendante et descendante de la gamme de *do dièze* majeur.

273. — Ecrivez la *gamme chromatique* ascendante et descendante de la gamme de *do bémol* majeur.

*
* *

274. — A quel degré de la gamme correspond la *dominante* ?

275. — A quel degré de la gamme correspond la *tonique* ?

276. — A quel degré de la gamme correspond la *note sensible* ?

277. — A quel degré de la gamme correspond la *sus-tonique* ?

278. — A quel degré de la gamme correspond la *sus-dominante* ?

279. — A quel degré de la gamme correspond la *médiante* ?

280. — A quel degré de la gamme correspond la *sous-dominante* ?

281. — Quelle est la *dominante* de *sol* ?

282. — Quelle est la *tonique* de *mi* ?

283. — Quelle est la *note sensible* de *la* ?

284. — Quelle est la *sus-tonique* de *ré* ?

285. — Quelle est la *sous-dominante* de *fa* ?

286. — Quelle est la *médiante* de *si* ?

287. — Quelle est la *sous-dominante* de *do* ?

288. — Pourquoi le premier degré de la gamme s'appelle-t-il *tonique* ?

289. — Pourquoi le cinquième degré de la gamme s'appelle-t-il *dominante* ?

290. — De quels éléments se compose l'*accord parfait majeur* et l'*accord parfait mineur* ?

*
* *

291. — Etant donnée une armure de quatre dièzes, quelle sera l'*altération caractéristique* du mode mineur ?

292. — Les gammes majeures ont-elles une *note sensible*, comme les gammes mineures ?

293. — Entre quels degrés les demi-tons sont-ils placés dans la gamme majeure ?

294. — Des deux manières de faire la gamme mineure, quelle est la plus caractérisée ?

295. — Pourquoi cette manière de faire la gamme est-elle plus caractérisée que l'autre ?

296. — Dans quelle gamme trouve-t-on la *seconde augmentée la bémol — si naturel* ?

297. — *Mi bécarre* et *fa* étant donnés comme second demi-ton d'une gamme mineure (deuxième manière), quelle sera cette gamme mineure ?

298. — Citez un intervalle qui n'appartienne qu'au mode mineur ?

299. — Que faut-il faire pour transformer l'*accord parfait majeur* en *accord parfait mineur* ?

*
* *

300. — Quelles sont les *notes tonales* dans la gamme de *mi mineur* ?

301. — Quelles sont les *notes modales* dans la gamme de *do mineur* ?

*
* *

302. — Combien une seule et même armure de clé peut-elle donner de tonalités ?

303. — Quelle est la *gamme relative* de *fa dièze* majeur ?

304. — Quelle est la *gamme relative* de *ré bémol* majeur ?

305. — Quelle est la *gamme relative* de *sol dièze* mineur ?

306. — Quelle est la *gamme relative* de *fa* mineur ?

307. — Quel degré occupe la *seule* note qui différencie les gammes relatives entre elles ?

*
* *

308. — Qu'avez-vous à la clé en *si* majeur ?

309. — Qu'avez-vous à la clé en *sol bémol* majeur ?

310. — Qu'avez-vous à la clé en *fa dièze* mineur ?

311. — Qu'avez-vous à la clé en *mi bémol* mineur ?

312. — Quel est le ton majeur qui a 4 dièzes à la clé ?

313. — Quel est le ton mineur qui a 7 bémols à la clé ?

314. — Quel est le ton mineur qui a pour note sensible *sol double dièze* ?

315. — Quel est le ton mineur qui a pour note sensible *mi dièze* ?

316. — Quel est le ton mineur qui a pour note sensible *la naturel* ?

317. — Quels sont *les tons* qui ont *sol dièze* pour *note sensible* ?

318. — Quelle est la gamme dans laquelle on trouve seulement *sol dièze* ?

319. — Quelle est la gamme *enharmonique* de la gamme de *fa dièze majeur* ?

320. — Quelle est la gamme *enharmonique* de la gamme de *sol dièze mineur* ?

321. — Quelles sont les gammes enharmoniques qui ont chacune le même nombre d'accidents à la clé ?

*
* *

322. — Donnez-nous un exemple d'une série de notes se succédant par *degrés conjoints* ?

323. — Donnez-nous un exemple de plusieurs notes procédant par *degrés disjoints* ?

*
* *

324. — Quel est le plus petit de tous les intervalles ?

325. — Quelles sont les *qualifications* de la quarte, de la quinte et de l'octave ?

326. — Quelle est la *composition* de la tierce majeure ?

327. — Donnez-nous un exemple d'un *intervalle simple* et de son *intervalle composé* ?

328. — Donnez-nous un exemple d'un *intervalle composé* et de son *intervalle simple* ?

329. — Quel est le seul intervalle qui ne puisse être diminué ?

330. — Quel est le seul intervalle qui ne puisse être augmenté ?

331. — Quel est le renversement de l'*unisson* ?

332. — Quel est le renversement de la *seconde mineure* ?

333. — Quel est le renversement de la *tierce majeure* ?

334. — Quel est le renversement de la *quarte parfaite*?
335. — Quel est le renversement de la *quinte diminuée*?
336. — Quel est le renversement de la *sixte augmentée*?
337. — Quel est le renversement de la *septième mineure*?
338. — Quel est le renversement de l'*octave*?
339. — Donnez-nous un exemple de l'*unisson*?
340. — Donnez-nous un exemple d'une *seconde augmentée*?
341. — Donnez-nous un exemple d'une *tierce diminuée*?
342. — Donnez-nous un exemple d'un *quarte augmentée*?
343. — Donnez-nous un exemple d'une *quinte diminuée*?
344. — Donnez-nous un exemple d'une *sixte majeure*?
345. — Donnez-nous un exemple d'une *septième diminuée*?
346. — Produisez deux sons à l'*octave* l'un de l'autre?
347. — Quel est l'intervalle que forment *deux demi-tons diatoniques*. Donnez-en un exemple?
348. — Quels sont les intervalles qui contiennent 1, 3, 5, 7, 9, 11 demi-tons?
349. — Quels sont les intervalles qui contiennent 2, 4, 6, 8, 10, 12 demi-tons?
350. — Quelle est la tierce majeure inférieure de *mi bémol*?
351. — Quelle est la tierce majeure inférieure de *sol bémol*?
352. — Comment se résolvent les *intervalles diminués* et les *intervalles augmentés*?
353. — Quel est l'intervalle enharmonique de la *seconde augmentée*?

354. — Quel est l'intervalle enharmonique de la *septième mineure*?

355. — Quel est l'intervalle enharmonique de la *quarte diminuée*?

356. — Quel est l'intervalle enharmonique de la *sixte majeure*?

357. — Quel est l'intervalle simple dont l'intervalle enharmonique est égal au renversement?

358. — Que devient la *qualification* des intervalles simples lorsque ceux-ci sont redoublés?

359. — Quel est le redoublement de la *tierce mineure*?

360. — Quel est le redoublement de la *quarte augmentée*?

361. — Quel est le redoublement de la *septième majeure*?

362. — Quel et le redoublement de l'*octave parfaite*?

363. — Quel est le redoublement, à deux octaves, de la seconde majeure, et quelle est la composition de cet intervalle?

***

364. — Tracez sur le tableau la position du *la* du diapason normal, en employant toutes les clés (Voyez l'exemple n° 20).

365. — Le *métronome* indique-t-il le *mouvement* ou la *mesure*?

***

366. — Etant donné le ton de *la majeur*, que faudra-t-il faire pour moduler en *la mineur*?

367. — Etant donné le ton de *do majeur*, que faudra-t-il faire pour moduler en *sol majeur* ?

⁂

368. — Pourquoi a-t-on recours à l'emploi de sept clés pour noter la musique ?

369. — Quelle est la clé qui, comme diapason, tient le milieu entre la clé de *sol* 2ᵉ ligne et la clé de *fa* 4ᵉ ligne ?

370. — A quel intervalle la clé de *sol* 2ᵉ ligne et la clé de *fa* 4ᵉ ligne sont-elles l'une de l'autre comme position réelle ?

371. — Quelle est la clé qui s'*exécute* une quinte plus bas que la clé d'*ut* 1ʳᵉ ligne ?

372. — Quelle est la clé qui s'*exécute* une septième plus haut que la clé de *fa* 3ᵉ ligne.

373. — A quel intervalle la clé d'*ut* 1ʳᵉ ligne et la clé de *fa* 3ᵉ ligne sont-elles l'une de l'autre comme position réelle ?

374. — La clé de *sol* 2ᵉ ligne étant donnée comme point de départ, quelle est la clé qui *se lit* une quinte plus bas ?

375. — Quelle est celle qui *se lit* une seconde plus haut ?

376. — Quelle est celle qui *se lit* une quarte plus bas ?

377. — Quelle est celle qui *se lit* une tierce plus haut ?

378. — Quelle est la clé qui *se lit* une seconde plus bas que la clé de *fa* 3ᵉ ligne ?

Etc., etc., etc.

⁂

379. — Un morceau est écrit en *la* majeur, sur la clé d'*ut* 4ᵉ ligne : pour le transposer en *fa* majeur, quelle clé faudra-t-il employer ?

380. — Un morceau est écrit en *fa dièze* mineur, sur la clé de *fa* 4ᵉ ligne : pour le transposer en *la* mineur, quelle clé faudra-t-il employer ?

381. — Un morceau est écrit en *si* majeur, sur la clé d'*ut* 2ᵉ ligne : pour le transposer en *do* majeur, quelle clé faudra-t-il employer ?

382. — Dans quel cas conserve-t-on la même clé, malgré la transposition ?

383. — Un morceau est écrit avec *sept dièzes*, en clé de *fa* 3ᵉ ligne : pour le transposer un demi-ton plus bas, quelle clé devra-t-on employer ?

384. — Un morceau est écrit avec *cinq bémols*, en clé d'*ut* 1ʳᵉ ligne : pour le transposer un demi-ton plus haut, quelle clé devra-t-on employer ?

XLI

Questions insidieuses (1).

385. — Quel est l'effet du point *devant* une noire ?
386. — Que vaut le point *devant* un soupir ?
387. — Quel est l'effet du bémol et du dièze *après* une note ?
388. — Etant donné la mesure à Trois-huit, combien de *noires* aura-t-on pour chaque temps ?

(1) Ces questions, et d'autres dans ce genre, laissées au choix du professeur, devront être adressées de temps en temps aux sujets qui seront suffisamment instruits (*jamais* aux commençants). Ce moyen, employé avec discrétion et intelligence, tient l'esprit des élèves en éveil, et permet de discerner s'ils se rendent compte des questions qu'on leur adresse, ou s'ils répètent la théorie à la manière des perroquets. M. G.

389. — Quelle est la mesure *simple* de la mesure à Deux-quatre ?

390. — Quelle est la mesure *composée* de la mesure à Six-huit ?

391. — Combien y a-t-il de *bémols* à la clé en *si* majeur ?

392. — Dans un unisson, quel est le son le plus élevé, le *premier* ou le *second* ?

393. — Combien la seconde diminuée renferme-t-elle de *demi-tons* ?

394. — Quel est le *renversement* de la 10ᵉ ?

395. — Dans la gamme mineure, à quel *genre* appartient la seconde augmentée placée entre le 6ᵉ degré et le 7ᵉ ?

396. — Un morceau pour ténor est écrit en *la majeur*; on veut le transposer une tierce mineure plus bas, c'est-à-dire en *fa dièze mineur* pour voix de baryton : quelle clé devra-t-on employer ?

QUATRIÈME PARTIE

XLII

Questions par M. J. Hugounenc.

397. — Comment faut-il procéder pour trouver l'armure de la clé quand la tonique est donnée ?

398. — Avec quelle figure de note fait-on le triolet dans les mesures composées ?

399. — Quelle est l'unité de mesure et l'unité de temps dans la mesure à Douze-trente-deux que l'on trouve dans la 32e *sonate* de Beethoven, op. 111 ?

400. — Donnez-nous la définition du mot Trait dont on se sert en musique ?

401. — Quelle différence faites-vous entre le mouvement du Boléro et celui de la Polonaise, morceaux toujours écrits à 3 temps ?

402. — Deux mouvements différents étant donnés, dites-nous quel est le plus facile : est-ce le mouvement *lent* ou le mouvement *vif* ?

403. — Indépendamment des points placés sur les notes et du mot *staccato*, comment indiqueriez-vous un

accompagnement *détaché* que vous voudriez imposer jusqu'à la fin d'un morceau ?

404. — Un morceau de musique commence-t-il et finit-il toujours sur la *tonique* ?

405. — Le *composé* d'une mesure déjà *composée* existe-t-il ?

406. — Quel est l'intervalle enharmonique de la sixte diminuée ?

J. HUGOUNENC,
Professeur-accompagnateur au Conservatoire
de musique de Toulouse.

XLIII

Questions par M. J. Berny.

407. — Combien deux demi-tons chromatiques successifs, tels que *fa-fa* dièze, *fa dièze-fa double dièze*, contiennent-ils de commas ?

408. — Existe-t-il des *doubles bécarres* ?

409. — Quelle différence y a-t-il entre un triolet de croches, dans une mesure simple, et trois croches formant le temps d'une mesure composée !

410. — Que signifie l'expression *alla capella* placée à la tête d'un morceau ?

411. — *Do double dièze* étant donné, quelle est la note qui formera sixte augmentée, et quel sera le renversement et le redoublement de cet intervalle ?

412. — Pourquoi, dans la gamme, a-t-on donné le nom de *do* à la note primitivement appelée *ut* ?

413. — Quel est celui des *trois genres* qu'on emploie le plus fréquemment, et quel est celui qu'on emploie le plus rarement ?

414. — Pourquoi, lorsqu'on veut connaître la tonalité dans laquelle on est, cherche-t-on la *note sensible* du ton mineur, au lieu de chercher celle du ton majeur ?

415. — Quels sont les demi-tons diatoniques de *fa*, les demi-tons chromatiques de *ré bémol*, et l'enharmonie de *si bémol* ?

416. — Quel est le *seul* intervalle augmenté qui puisse s'obtenir sans le concours d'aucun accident, et dans quelle gamme se trouve-t-il ?

J. BERNY,
Professeur suppléant de piano et d'harmonie
au Conservatoire de musique de Toulouse.

XLIV

Questions par M. F. Magner.

417. — La musique a-t-elle toujours existé ?

418. — Qu'entendez-vous par *jouer en mesure* ?

419. — Qu'est-ce qu'une dissonance ? Donnez-en un exemple.

420. — Qu'entendez-vous par le mot *Monocorde* ?

421. — Donnez-nous du *demi-ton* une définition précise qui permette de l'apprécier sans le comparer à aucun autre intervalle.

422. — Quel est l'écart approximatif provoqué par l'élévation toujours croissante du diapason dans la période comprise entre ces deux dates, 1780 et 1860 ?

423. — Combien le *la* du diapason normal donne-t-il de vibrations par seconde ?

424. — En quoi le son musical se distingue-t-il du bruit ?

425. — Un son entendu isolément est-il faux?

426. — Qu'est-ce que le |style, et établissez sommairement la différence qui existe entre le *style classique*, le *style dramatique*, et le *style religieux*.

F. MAGNER,

Professeur de piano et d'harmonie
au Conservatoire de musique de Toulouse.

XLV

Questions par M. G. Ponsan.

427. — Quelles sont les *notes sensibles* des sept gammes mineures par dièzes et des sept gammes mineures par bémols?

428. — Quels sont les instruments à archet qui constituent ce qu'on appelle *le quatuor*, et sur quelles clés écrit-on la musique pour ces divers instruments?

429. — Les compositeurs écrivent-ils pour la contrebasse et pour la flûte dans le diapason *vrai* qui convient à ces instruments?

430. — Doit-on presser ou ralentir le mouvement à l'approche d'un point d'orgue?

431. — Qu'est-ce que l'*Arpège*?

432. — Qu'est-ce que l'*Acciacature*?

433. — Sur quelles clés écrit-on la musique pour soprano, ténor ou basse, lorsqu'on tient compte du diapason réel de ces voix?

434. — Parmi les clés usuelles, quelle est celle dont le diapason est le plus élevé; quelle est celle dont le dia-

pason est le plus bas, et à quel intervalle ces deux clés sont-elles l'une de l'autre ?

435. — Nommez deux notes analogues entre lesquelles il n'y ait que l'écart d'un *comma*.

436. — Etant donné *do dièze* et *ré bémol*, quelle est la note la plus élevée pour l'œil, et quelle est en réalité la note la plus élevée comme son ?

G. PONSAN,

Professeur de haut solfège au Conservatoire de musique de Toulouse.

XLVI

Questions par M. A. Sauvaget.

437. — Qu'est-ce qu'un intervalle altéré ?

438. — Remplissez une mesure à Six-quatre en employant sept notes équivalant à une ronde pointée. Donnez-en neuf exemples *différents*.

439. — Que veut dire le mot *allegretto* ?

440. — Que veut dire le mot *dolce* ?

441. — En quel ton êtes-vous avec six dièzes, six bécarres et six bémols à la clé, et quelle est l'enharmonique de la tonalité correspondant à cette armure (1) ?

442. — Exprimez sur le tableau quelle est la différence rythmique qui existe entre six croches, dans une mesure à Trois-quatre, et six croches, dans une mesure à Six-huit. Donnez-en un exemple.

(1) Cette même question nous fut adressée en pleine classe par M. Panseron, lorsque nous avions l'honneur de suivre le cours de solfège au Conservatoire de musique de Paris.

443. — Une mesure étant composée de deux croches, d'un triolet de croches, de quatre doubles croches et d'un sextolet de doubles croches, quelle sera cette mesure ?

444. — Dans quel mode rencontre-t-on exclusivement l'intervalle de seconde augmentée ?

445. — Si les clés de *sol*, d'*ut* et de *fa* 5e ligne étaient usitées, avec quelles clés feraient-elles double emploi ?

446. — Un morceau est écrit en *do* bémol majeur ; on veut le transposer un demi-ton plus bas : quelle sera l'armure de la transposition projetée ?

A. Sauvaget,
Professeur de violoncelle au Conservatoire
de musique de Toulouse.

XLVII

Questions par M. Aloys Kunc.

447. — A quel genre appartiennent les successions de sons suivantes :

1° Celle dans laquelle un demi-ton est produit par deux notes de nom différent ?

2° Celle formée par deux notes ayant le même *nom*, mais pas le même *son* ?

3° Celle où les deux notes ont le même *son*, et n'ont pas le même nom ?

448. — L'intervalle de *sixte augmentée* étant le même à l'oreille que la 7e *mineure*, est-il indifférent d'écrire l'un pour l'autre ?

449. — Les intervalles *synonymes* ont-ils la même résolution que les intervalles *enharmoniques* ?

450. — La *clé de sol* est-elle chantée par les voix d'homme dans son vrai diapason ?

451. — Dans la réduction au piano du quatuor vocal écrit avec trois *clés de sol* et une *clé de fa*, que faut-il observer?

452. — La *clé d'ut* 4e ligne et les *clés de fa* 3e et 4e *lignes* sont-elles chantées par les voix de femmes dans leur vrai diapason? (Voyez l'exemple n° 21.)

453. — Si l'on veut transposer d'une seconde mineure inférieure un morceau écrit en *mi bémol majeur*, quelles clés faudra-t-il substituer aux *clés de sol* et de *fa*, et quelle sera la nouvelle armure de la clé?

454. — Quels changements faut-il faire à l'armure de la clé :

1° Pour transformer une *gamme majeure* en *gamme mineure* de même nom?

2° Pour chanter un morceau un demi-ton plus haut ou un demi-ton plus bas en conservant aux notes le même nom?

3° Pour chanter un morceau dans son ton enharmonique, c'est-à-dire en changeant le nom des notes, tout en conservant le même son?

455. — Dans les mesures simples, quelle est la division régulière de chaque temps? Quelle est l'exception principale, et quel nom lui donne-t-on?

456. — Dans les mesures composées, quelle est la division régulière de chaque temps? Quelle est l'exception principale?

457. — L'unité de mesure dans les mesures composées peut-elle être représentée par une note simple?

458. — Quel est le rapport qui unit une gamme quelconque à celle qui la suit et à celle qui la précède dans la succession régulière des gammes?

459. — Comment se produit l'enchaînement des gammes, soit avec les dièzes, soit avec les bémols, en prenant pour point de départ la gamme de *do majeur*?

460. — Lorsque l'on veut passer d'un ton quelconque dans un autre, quelle est la note de la gamme qui détermine ordinairement la modulation ?

461. — Quel est le plus petit intervalle composé de trois sons ?

462. — Dans les 15 tons majeurs formés par les diverses armures de la clé, combien y a-t-il de tons *enharmoniques*?

463. — Ecrivez une gamme ascendante en conservant la même place à toutes les notes.

464. — Dans la transposition, quelles modifications doivent subir les accidents placés devant les notes ?

ALOYS KUNC,
Professeur de haut solfège au Conservatoire
de musique de Toulouse.

XLVIII

Questions par M. Laget.

465. — Pourquoi, dans toutes les gammes majeures, la *note sensible* est-elle exprimée par un accident placé à la clé, tandis que dans toutes les gammes mineures elle est due à l'emploi d'un accident passager ?

466. — Tracez sur le tableau cinq valeurs *différentes* dont l'addition produise la valeur d'une ronde. Donnez-en six exemples *différents*.

467. — Par l'effet d'une transposition, peut-on être amené à exécuter un morceau en *sol dièze* majeur ou en *fa bémol* majeur, etc., et, dans l'affirmative, quels se-

raient les accidents constitutifs des deux tonalités précitées ?

468. — Le grand air du second acte de *Zampa*, écrit en *la* majeur, contient une modulation en *ré bémol* majeur. Si l'on transpose ce morceau un demi-ton plus bas,
 1° Quelle sera la nouvelle armure de la clé ?
 2° En quel ton sera la modulation ?
 3° Quelle sera la tonalité enharmonique de cette modulation ?

469. — Le chiffre 3 placé au-dessus de 3 notes de même figure indique-t-il une valeur irrégulière ?

***

470. — *A quelle époque le* TRIOLET *fut-il employé en France pour la première fois ?*
Le *triolet* fut employé pour la première fois dans les *Cris de Paris*, autrement dit les *Cris de la Halle*, morceau du seizième siècle, sans nom d'auteur.

471. — *Les modernes admettent-ils le* quart de ton ?
Non, le demi-ton diatonique, composé de quatre commas, est considéré par les praticiens comme le plus petit de tous les intervalles.

472. — *A quelle époque ont été inventées les* FIGURES DE NOTES *dont on se sert pour exprimer la durée des sons ?*
Les figures de notes (la *ronde*, la *blanche*, la *noire*, la *croche*, etc.) furent inventées en 1330, sous le règne de Philippe de Valois, et, par une coïncidence heureuse, ce fut dans le courant de la même année que des ménestrels fondèrent la *Confrérie de Saint-Julien-des-Ménestriers*, le premier établissement musical qui ait existé à Paris.

473. — *D'où les notes employées en musique tirent-elles leur nom ?*

Le nom des six premières notes de la gamme : *ut, ré, mi, fa, sol, la,* est tiré de la première strophe de l'hymne à saint Jean-Baptiste :

<blockquote>
Ut queant laxis Resonare fibris
Mira gestorum Famuli tuorum
Solve polluti Labii reatum, etc.
</blockquote>

Cette appellation syllabique fut imaginée, comme moyen mnémonique, par Guido ou Gui, moine de l'abbaye de Pompose, qui naquit à Arezzo, en Toscane, vers la fin du dixième siècle. Bien plus tard, vers la seconde moitié du dix-septième siècle, ce fut un musicien français, nommé Le Maire, qui donna le nom de *si* à la septième note de la gamme. Dans l'origine, les notes étaient représentées par les lettres A, B, C, D, E, F, G.

474. — *Quel est le roi des instruments ?*

La voix ! La voix humaine est en communication directe avec tout l'organisme, et une solidarité étroite existe entre elle et l'âme; aussi se prête-t-elle admirablement à l'interprétation de tous les sentiments : elle exprime avec un égal succès la colère, la tendresse, la douleur, la folle gaieté, la vengeance, etc.

La voix peut plus encore. A un moment donné, par la seule force de la volonté de l'exécutant, il s'opère, dans la qualité du son, comme une sorte de transfusion musicale ; l'âme passe dans l'organe, elle s'y insinue victorieusement et lui communique le feu sacré, foyer ardent d'où jaillit l'étincelle qui, comme par un fil électrique, va enflammer les spectateurs, et, s'emparant du système nerveux, exalte la foule jusqu'à la volupté, jusqu'à l'extase, jusqu'à la frénésie !

A. LAGET,

Ex-artiste du théâtre national de l'Opéra-Comique,
Professeur de solfège au Conservatoire
de musique de Toulouse.

XLIX

Questions par M. Omer Guiraud.

475. — *Étant données deux gammes de même nom, — l'une majeure, l'autre mineure, — quelles sont les notes qui leur sont communes? Et, dans deux gammes relatives, quelle est la note caractéristique qui différencie ces dernières?*

Les notes qui sont communes aux deux gammes de même nom sont : la *tonique*, la *sus-tonique*, la *sous-dominante* et la *dominante*, tandis que dans les *gammes relatives*, la *sensible* est la *note caractéristique* qui différencie celles-ci.

476. — *Dans les mesures composées à trois temps, pouvez-vous obtenir l'unité de mesure avec une note simple?*

Non, l'on a recours à une note complémentaire qu'on rattache à la valeur principale à l'aide d'une liaison.

477. — *Dans la nomenclature des termes génériques, comment s'appellent ceux qui correspondent aux 1er, 3e, 5e, et 7e degrés?*

Tonique, médiante, dominante et note sensible.

478. — *Dans la nomenclature des termes génériques, comment s'appellent ceux qui correspondent aux 2e, 4e et 6e degrés?*

Sus-tonique, sous-dominante et sus-dominante.

3.

479. — *Quels sont les signes employés pour la ponctuation musicale?*

Les signes employés pour la ponctuation musicale sont au nombre de quatre, savoir : le *lié*, le *piqué*, le *détaché* ou *staccato*, et le *porté*.

Le *lié*, qui s'indique par une *liaison*, s'exécute en ne laissant aucun silence d'une note à une autre.

Le *piqué*, qui s'indique par le *point allongé*, s'exécute en ne donnant à la note que le quart de sa valeur et en laissant les trois autres quarts en silence.

Le *détaché*, qui s'indique par le *point rond*, s'exécute en ne donnant à la note que la moitié de sa valeur et en laissant l'autre moitié en silence.

Enfin, le *porté*, qui s'indique par des *points ronds* surmontés d'une liaison, s'exécute en ne donnant à la note que les trois-quarts de sa valeur, et en laissant l'autre quart en silence.

480. — *A quel intervalle de leur note principale se font les battements du* TRILLE *et du* MORDANT ?

A l'intervalle d'un ton ou d'un demi-ton, selon le degré qu'occupe la note qu'ils affectent.

481. — *Combien y a-t-il d'espèces de voix?*

Il y a six espèces de voix :

1º Le *soprano* ou premier dessus ;

2º Le *mezzo-soprano* ou second dessus ;

3º Le *contralto* ou haute-contre ;

4º Le *ténor* ;

5º Le *baryton* ;

6º La *basse*.

482. — *Qu'entendez-vous par le mot* DEGRÉ *en musique?*

On entend par le mot *degré* l'intervalle compris entre

deux notes qui se suivent immédiatement dans la gamme diatonique.

483. — *Lorsque la mesure est exprimée par deux chiffres superposés, la valeur des notes représentée par le chiffre inférieur augmente-t-elle ou diminue-t-elle selon que ce chiffre est plus fort ou plus faible ?*

La valeur des notes suit la progression inverse du dénominateur ; à preuve : le chiffre inférieur 1 représente la *ronde* ; au contraire, le chiffre inférieur 16 représente la double croche.

484. — *Donnez-nous la définition du mot* TON *?*

Le *ton* a plusieurs sens en musique.

1° C'est un intervalle diatonique ;

2° Le *ton* est la note principale sur laquelle un chant est établi, et cette note s'appelle *tonique* ;

3° Le *ton* est encore le degré d'élévation ou d'abaissement sur lequel est fixé l'accord des instruments.

Omer Guiraud,
Organiste de la basilique de Saint-Sernin,
professeur suppléant au conservatoire de musique
de Toulouse.

FIN.

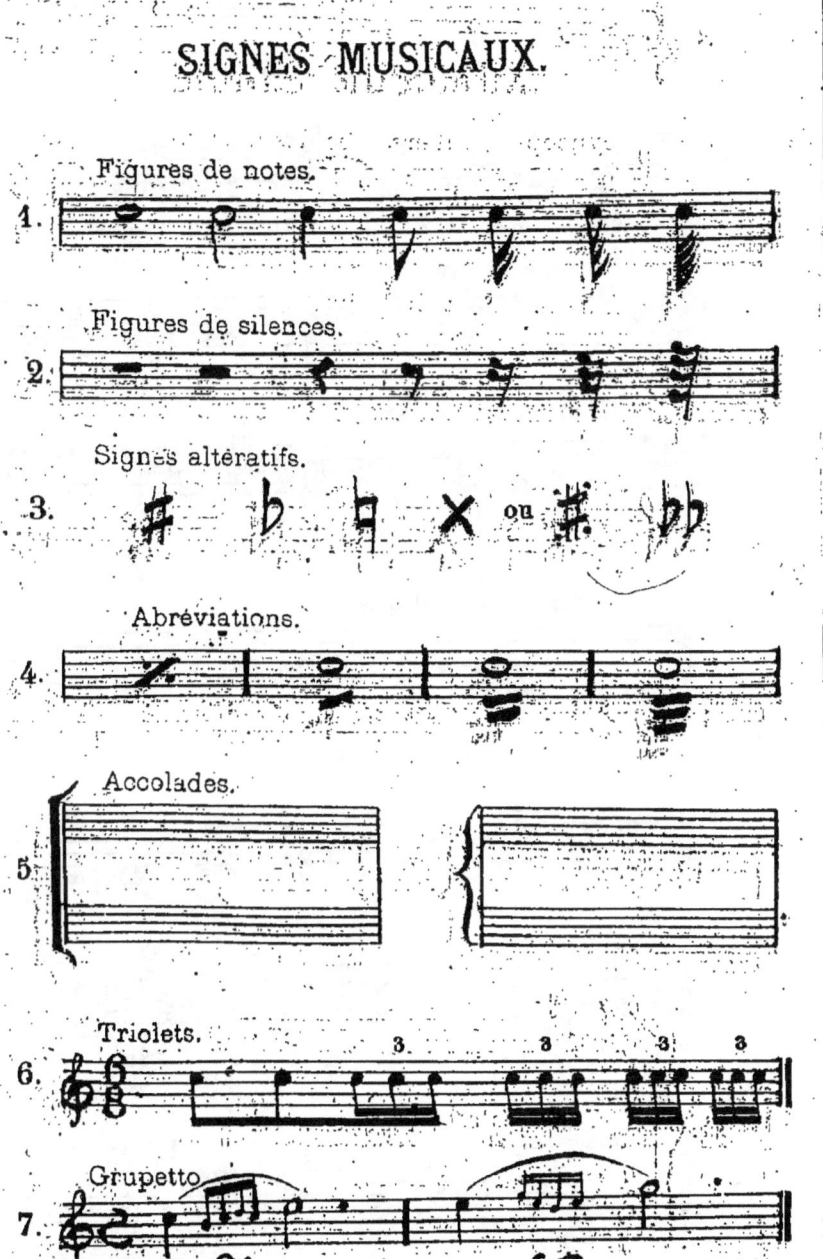

TABLE DES MATIÈRES

	Pages.
Préface.	1

PREMIÈRE PARTIE.

I. — De la musique.	5
II. — De la portée.	6
III. — Des clés.	7
IV. — Des notes.	7
V. — Des silences.	9
VI. — Des accidents.	10
VII. — De l'armure de la clé.	11
VIII. — Du point et du double point, du point d'enjambement, du point d'orgue, du point d'arrêt, de la liaison.	12
IX. — De la reprise, du renvoi, du *Da Capo*, du *trémolo*.	13
X. — De l'accolade.	14
XI. — Du triolet, du sextolet, des valeurs irrégulières.	15
XII. — Des notes d'agrément.	16
XIII. — Des nuances.	17
XIV. — Du mouvement.	18
XV. — De la mesure, de la barre de mesure, de la double barre de mesure.	20

DEUXIÈME PARTIE.

XVI. — Des sons musicaux	27
XVII. — Du ton, du demi-ton, du *comma*.	28
XVIII. — Des temps forts et des temps faibles.	29
XIX. — De la syncope régulière ou ordinaire, de la syncope irrégulière ou brisée.	30
XX. — Du contre-temps.	31

XXI. — Du genre. 31
XXII. — De la gamme. 32
XXIII. — Des degrés de la gamme, des termes génériques, des principaux degrés de la gamme. 33
XXIV. — Du mode majeur et du mode mineur. 34
XXV. — Des notes tonales et des notes modales. 35
XXVI. — Des gammes relatives. 36
XXVII. — Des tonalités. 37
XXVIII. — Des degrés conjoints et des degrés disjoints. . . . 42
XXIX. — Des intervalles. 42
XXX. — Du rythme. 47
XXXI. — De l'en levant. 47
XXXII. — De la partition. 48
XXXIII. — Du diapason normal. 48
XXXIV. — Du métronome. 48
XXXV. — Des voix. 49
XXXVI. — De la modulation. 49
XXXVII. — De l'échelle musicale. 50
XXXVIII. — Du nombre total des clés, de leur diapason et de leur lecture. 52
XXXIX. — De la transposition. 53

TROISIÈME PARTIE.

XL. — Questions supplémentaires. 57
XLI. — Questions insidieuses. 72

QUATRIÈME PARTIE.

XLII. — Questions par M. J. Hugounenc. 75
XLIII. — Questions par M. J. Berny. 76
XLIV. — Questions par M. F. Magner. 77
XLV. — Questions par M. G. Ponsan. 78
XLVI. — Questions par M. A. Sauvaget. 79
XLVII. — Questions par M. Aloys Kunc. 80
XLVIII. — Questions par M. A. Laget. 82
XLVIX. — Questions par M. Omer Guiraud. 85

FIN DE LA TABLE DES MATIÈRES.

www.ingramcontent.com/pod-product-compliance
Lightning Source LLC
LaVergne TN
LVHW052104090426
835512LV00035B/973